钱宾四先生
学术文化讲座

中国文化中
"报""保""包"之意义

杨联陞　著

中华书局

图书在版编目(CIP)数据

中国文化中"报""保""包"之意义/杨联陞著. —北京:中华书局,2016.9
(钱宾四先生学术文化讲座)
ISBN 978-7-101-12081-3

Ⅰ.中… Ⅱ.杨… Ⅲ.中华文化-研究 Ⅳ.K203

中国版本图书馆 CIP 数据核字(2016)第 195691 号

书　　名　中国文化中"报""保""包"之意义
著　　者　杨联陞
丛 书 名　钱宾四先生学术文化讲座
责任编辑　马　燕
出版发行　中华书局
　　　　　(北京市丰台区太平桥西里 38 号　100073)
　　　　　http://www.zhbc.com.cn
　　　　　E-mail:zhbc@ zhbc.com.cn
印　　刷　北京新华印刷有限公司
版　　次　2016 年 9 月北京第 1 版
　　　　　2016 年 9 月北京第 1 次印刷
规　　格　开本/889×1194 毫米　1/32
　　　　　印张 4¾　字数 75 千字
印　　数　1-6000 册
国际书号　ISBN 978-7-101-12081-3
定　　价　32.00 元

图书策划:活字文化

总　序

金耀基

　　今年是香港中文大学新亚书院创校六十周年，新亚书院之出现于海隅香江，实是中国文化一大因缘之事。六十年前，几个流亡的读书人，有感于中国文化风雨飘摇，不绝如缕，遂有承继中华传统、发扬中国文化之大愿，缘此而有新亚书院之诞生。老师宿儒虽颠沛困顿而著述不停，师生相濡以沫，弦歌不辍而文风蔚然，新亚卒成为海内外中国文化之重镇。1963 年，香港中文大学（下简称"中文大学"或"中大"）成立，新亚与崇基、联合成为中大三成员书院。中文大学以"结合传统与现代，融会中国与西方"为愿景。新亚为中国文化立命的事业，因而有了一更坚强的制度性基础。1977 年，我有缘出任新亚书院院长，总觉新亚未来之发展，途有多趋，但归根结底，总以激扬学术风气、树立文化风格为首要。因此，我与新亚同仁决意推动一些长期性的学术文化计划，其中以设立与中国文化特别有关之"学术讲座"为重要目标。我对新亚的学术讲座提出了如下的构想：

"新亚学术讲座"拟设为一永久之制度。此讲座由"新亚学术基金"专款设立，每年用其孳息邀请中外杰出学人来院作一系列之公开演讲，为期两周至一个月，年复一年，赓续无断，与新亚同寿。"学术讲座"主要之意义有四：在此"讲座"制度下，每年有杰出之学人川流来书院讲学，不但可扩大同学之视野，本院同仁亦得与世界各地学人切磋学问，析理辩难，交流无碍，以发扬学术之世界精神。此其一。讲座之讲者固为学有专精之学人，但讲座之论题则尽量求其契扣关乎学术文化、社会、人生根源之大问题，超越专业学科之狭隘界限，深入浅出。此不但可触引广泛之回应，更可丰富新亚通识教育之内涵。此其二。讲座采公开演讲方式，对外界开放。我（个人）相信大学应与现实世界保有一距离，以维护大学追求真理之客观精神，但距离非隔离，学术亦正用以济世。讲座之向外开放，要在增加大学与社会之联系与感通。此其三。讲座之系列演讲，当予以整理出版，以广流传，并尽可能以中英文出版，盖所以沟通中西文化，增加中外学人意见之交流也。此其四。

新亚书院第一个成立的学术讲座是"钱宾四先生学术

文化讲座"。此讲座以钱宾四先生命名,其理甚明。钱穆宾四先生为新亚书院创办人,一也。宾四先生为成就卓越之学人,二也。新亚对宾四先生创校之功德及学术之贡献,实有最深之感念也。1978年,讲座成立,我们即邀请讲座以他命名的宾四先生为第一次讲座之讲者。八十三岁之龄的钱先生缘于对新亚之深情,慨然允诺。他还称许新亚之设立学术讲座,是"一伟大之构想",认为此一讲座"按期有人来赓续此讲座,焉知不蔚成巨观,乃与新亚同跻于日新又新,而有其无量之前途"。翌年,钱先生虽困于黄斑变性症眼疾,不良于行,然仍践诺不改,在夫人胡美琦女士陪同下,自台湾越洋来港,重踏上阔别多年的新亚讲堂。先生开讲的第一日,慕其人乐其道者,蜂拥而至,学生、校友、香港市民千余人,成为一时之文化盛会。在院长任内,我有幸逐年亲迎英国剑桥大学的李约瑟博士、日本京都大学的小川环树教授、美国哥伦比亚大学的狄百瑞教授和中国北京大学的朱光潜先生,这几位在中国文化研究上有世界声誉的学人的演讲,在新亚,在中大,在香港,都是一次次文化的盛宴。1985年,我卸下院长职责,利用大学给我的长假,到德国海德堡做访问教授,远行之前,职责所在,我还是用了一些笔墨劝动了美国哈佛大学的杨联陞教授来新亚做八五年度讲座的讲者。这位自嘲为"杂家"、被汉学界奉为"宗匠"的史学家,在新亚先后三次演讲中,对中国文化中"报"、"保"、"包"三个关键词作了渊渊入微的精彩阐析，从我的继任林聪标院长信中知道杨先生的一系列演讲固然圆满成功，而许多活动，更是多彩多姿。联陞先生给我的信中，也表示他与夫人的香港之行十分愉快，还嘱我为他的讲演集写一跋。这可说是我个人与"钱宾四先生学术文化讲座"画上了愉快的句点。此后，林聪标院长、梁秉中院长和现任的黄乃正院长，都亲力亲为，年复一年，把这个讲座办得有声有色。自杨联陞教授之后，赓续来新亚的讲座讲者有余英时、刘广京、杜维明、许倬云、严耕望、墨子刻、张灏、汤一介、孟旦、方闻、刘述先、王蒙、柳存仁、安乐哲、屈志仁诸位先生。看到这许多来自世界各地的杰出学者，不禁使人相信，东海、南海、西海、北海，莫不有对中国文化抱持与新亚同一情志者。新亚"钱宾四先生学术文化讲座"的许多讲者，他们一生都在从事发扬中国文化的事业，或者用李约瑟博士的话，他们是向同代人和后代人为中国文化做"布道"的工作。李约瑟博士说："假若何时我们像律师辩护一样有倾向性地写作，或者何时过于强调中国文化贡献，那就是在刻意找回平衡，以弥补以往极端否定它的这种过失。我们力图挽回长期以来的不公与误解。"的确，百年来，中国文化屡屡受到不公的对待，甚焉者，如在"文化大革命"中，中国传统的文化价值，且遭到"极端否定"的命运。正因此，新亚的钱宾四先生，终其生，志力所在，都在为中国文化招魂，为往圣继绝学，而"钱宾四先生学术文化讲座"

之设立，亦正是希望通过讲座讲者之积学专识，从不同领域，不同层面，对中国文化阐析发挥，以彰显中国文化千门万户之丰貌。

"钱宾四先生学术文化讲座"讲者的演讲，自首讲以来，凡有书稿者，悉由香港中文大学出版社印行单行本，如有中、英文书稿者，则由中文大学出版社与其他出版社，如哈佛大学出版社、哥伦比亚大学出版社，联同出版。三十年来，已陆续出版了不少本讲演集，也累积了许多声誉。日前，中文大学出版社社长甘琦女士向我表示，讲座的有些书，早已绝版，欲求者已不可得，故出版社有意把"讲座"的一个个单行本，以丛书形式再版问世，如此则搜集方便，影响亦会扩大，并盼我为丛书作一总序。我很赞赏甘社长这个想法，更思及"讲座"与我的一段缘分，遂欣然从命。而我写此序之时，顿觉时光倒流，重回到七八十年代的新亚，我不禁忆起当年接迎"钱宾四先生学术文化讲座"的几位前辈先生，而今狄百瑞教授垂垂老矣，已是西方新儒学的鲁殿灵光。钱宾四、李约瑟、小川环树、朱光潜诸先生则都已离世仙去，但我不能忘记他们的讲堂风采，不能忘记他们对中国文化的温情与敬意。他们的讲演集都已成为新亚书院传世的文化财产了。

二〇〇九年六月二十二日

目　录

迎杨联陞教授到新亚书院讲学

林聪标

（一）

新亚书院创办"钱宾四先生学术文化讲座"已经进入第八年了。这几年当中，东西鸿儒硕彦相继来港主持讲座，从文史哲各方面来阐述对中国文化的探索……他们的真知灼见不仅激发了我们对中华人文的怀思，并引起中外学者的往返切磋，激荡涟漪，这是何等的兴奋，又是何等的气派。而诸位讲者不只在他们的演讲中提示中国文化的博大精深，更各能以他们的儒雅风范展现出他们所怀持的传统理想，在现代世界中的和谐畅顺。这正是体现了卅六年前成立新亚书院诸君子创校时所抱的崇高理想。今天，新亚书院已茁壮成长，成为中文大学的一分子，但本院对发扬中国固有文化的使命依然不敢一日稍懈。在前任院长金耀基教授之努力下，我们今天很高兴能请到哈佛大学的杨联陞教授来主持今年的"钱宾四先生学术文化讲座"。这实是新亚的一项大喜事，也是新亚的光荣。

（二）

联陞先生代表了博闻强记、学贯古今的通儒传统，也代表了知识即乐趣、致知能自足的文士理想。这样的人在当今学术界中已逐渐稀少。在这个处处讲求体系、架构，或模式的专业时代里，能够正本清源，博览历代群书，具偶因一得而欣慰不已的谦虚心境的人，反而能特别激发别人的共鸣，同侪之钦佩。联陞先生的学问旨趣正在于此。

但联陞先生更是当世卓越的汉学家，是中国生活艺术和中华文化的最佳诠释者。从保定到清华，从清华到哈佛，他孜孜不倦，所追求的无非是这一个精神的绝妙境界。这样的神趣看似细微，却非有深厚的学力和锲而不舍的勤劳不为功。联陞先生的天资和造诣正透过数十年中西学术的交互冲击而臻于成熟。

近代中国史学的研究当然是由乾嘉史学因缘发展而成，由札记考证、名物训诂而进以贯通史事，探究风俗典章，遂蔚为大观。但十九、二十世纪中西交通发达，西洋史学的绵延扩大由考古者所发扬，每以博闻广问、记诵考索为根本，自不免与乾嘉以降的史法史识相互为用，而援引壮大。尤有进者，当代社会学、经济学之发达也直接塑造了民国以来史学研究的风尚。在王国维、陈寅恪诸位大师的开拓下，在故都的浓郁学风中，于民国初年熏陶出一批杰出的青年史学家。

1933年，先生到清华大学读书时正赶上了这一场风云际会。国文老师朱自清、英文老师叶公超、日文老师钱稻孙、政治学老师浦薛凤、中国通史及秦汉史老师雷海宗、西洋通史老师刘崇鋐、隋唐史老师陈寅恪、中国社会史老师陶希圣、中国学术史老师张荫麟、中西交通史老师张星烺，这些都是我们所熟知的近代中国学界的翘楚。就在这一段潜移默化的日子中，先生奠定了日后数十年研究的深厚基础。

先生早岁之志趣在中国社会经济史，著作甚丰，范围包括税制、信贷、度量衡及社会结构等专题。《东汉的豪族》一文尤为人们所记诵，是当代史学对中国中古门阀社会之渊源做出初步探索工作的名著。

当时中国社会经济史之研究多由东瀛学者开其端；仁井田陞、曾我部静雄、加藤繁，以至于现在的寺田隆信、池田温、斯波义信等都曾先后做出贡献，而先生因熟习日文，能与日本学界相互发明，与当年《食货半月刊》诸人之努力配合，替战前中国的社会经济史研究带来了不拘于教条、不耻下问，且兼容并蓄的风尚。可惜这种博采证据，活用学说的态度，后来由于日寇侵华而不能持续下去。

然而在举世滔滔，沉醉于所谓科学史观之潮流时，先生却持守其通儒的素志，精通文字、语音乃至于敦煌、甲骨之学，所写篇章文字每多新意。当年日本学者之受益于先生者指不胜数，初不以治经济史或社会史者为限，连正统汉学的学者像和田清、平冈武夫、宇都宫清吉等也都曾与先生交接论学。

1941 年，先生赴美国哈佛大学深造，从此进入了学术生涯的新页。

（三）

二十世纪四十年代的哈佛校园已经结集了众多的中国专家，而哈佛燕京学社的中文图书收藏也是新大陆数一数二的。先生在哈佛四年，继续钻研经济史，以论文《晋书食货志译注》考取博士学位。期间先生并与赵元任先生主持哈佛大学陆军特别训练班，编成《国语字典》（*Concise Dictionary of Spoken Chinese*）及《国语入门》（*Mandarin Primer*）两书问世。当年在这所学校受训出来的多位学生日后都成为知名的汉学大师，其中尤以普林斯顿大学的牟复礼（Frederick Mote）教授，最享盛望。

但先生之最突出成就在于经济史方面。《晋书食货志译注》及《中国货币与信贷简史》（*Money and Credit in China, A Short History*）两书是先生成名之著，在二十世纪五十年代的西方，汉学之传统日渐式微，而讲究新途径的中国研究逐渐抬头，如何重估旧材料与新说发明，俾使传统社会的面貌得以重新展露，这就需要一番深厚的探索；非有旧学之根底与新知之巧妙，而不为功。先生在这转型期开创的功劳实在十分重要，令人向往、尊崇不已。

但是为学不可独沽一味。传统中国知识分子对于天地宇宙的奥秘是透过力行与思维双管齐下而进行研究。知识与教学相长，方能成就博大；旧学与新知交融，六经皆我注脚，这种情趣才是教育的最高境界。先生以一介书生孜孜不倦地在著名的哈佛园中宣述这种看似不切实际的理想，历数十年而不怠，终使治学范围逐日扩大，心胸怡然自得。从围棋到书法，自龟甲至"六博"，真是举手投足莫非学问，书评杂著无不妙品。先生这种气势不只赢得"活百科全书"的盛名，更为许多由灿烂归于平静的大学者所欣羡神往，而相互期许。

近代法国伟大的汉学家戴密微（Paul Demiéville）便这样说他：

> 杨教授喜欢拿他的学问与在历史汪洋大海的海滨拾贝壳相比。我必须说，挑选细石或贝壳必须对海滨有全盘的视野和认识，这并不是人人能做到的。但是杨教授的识见却是既高明又辽阔。

戴密微说得好，因为虽然杨教授自嘲其学问为杂家，而实际上他的学问是和一己生命的成长结合在一起的。自

《中国货币与信贷简史》发表以后，先生在制度史及通史方面继续写作不辍，相继出版了《中国制度史研究》（*Studies in Chinese Institutional History*）、《汉学散策》（*Excursions in Sinology*）等书。在他众多著述中被译成中文的亦颇为不少，遂于前年编印成《国史探微》一书刊行，一时洛阳纸贵。

这些书中所含括的内容十分广泛，但先生旁征博引，下笔从容，笔锋轻快，读其书如见其人，谈笑风生的丰采跃然纸上。所谓学林高手，莫此为甚。

哈佛之中国史研究得先生之参与，日益壮大。而先生的深厚影响更使该校之中国研究能保持精览原典、务实切近的特质。卅年之教学，桃李满天下。先生在国际之地位也因此更为彰著，俨然成为一代宗师。1957 年台湾地区教育主管部门颁授"文化奖章"，肯定先生在学术上之崇高成就。多年来先生更参与哈佛燕京学社推展亚洲研究之计划，并编审《哈佛亚洲学报》（*Harvard Journal of Asiatic Studies*），对于美国的中国史研究居功至伟，在华人学者中不作第二人想。

1969 年，先生接受圣路易斯华盛顿大学（Washington University in St. Louis）颁授荣誉文学博士学位，赞词说：

杨联陞：汉学宗匠，其博学明识所树立之楷模，已为学人所矜式，而其于东西大同之旨，深有领会，则尤为爱好和平诸人士所更宜矜式者也。

1976年先生又接受香港中文大学颁发荣誉博士学位。赞词称：

> 杨教授博闻强记，学贯中西，尤精研中国制度史及中国经济史，其有关此等专史之论著，备受国际学术界之推崇。杨教授除长于著书立说外，兼善评论他人之著作，其书评之精细公允，深为学界人士所乐道。

两度荣誉真与先生在学界之贡献相互辉映。先生之成就至此可谓已实至名归了。

1980年，联陞先生从哈佛荣休，从此可以随心所欲，涉猎自己所欣赏的事物。然而先生的学术活动却仍未稍懈，对于后学的奖掖和启迪亦未或减，这正是先生生命力绵延不断的最佳写照。

（四）

联陞先生家居随和，夫人缪钤女士是名史家缪钺先生的令妹。伉俪情谊，相敬如宾，久为中外友朋所乐道。先生治学时仍不忘中国士人之风雅，凡琴棋书画皆所喜好，在传统文化逐日为人淡忘的今天，这份雅兴是我们所不宜轻视的。先生的学问和广泛的阅历无不与追求完美和谐的生命息息相关。回望新亚书院所标示的理想，那么我们就必更能体会这份在现代世界中日渐消逝的情趣。

今年（1985）9月底先生来新亚主持"钱宾四先生学术文化讲座"，适与新亚校庆相配合，这是值得我们感到兴奋的机会。先生的题目：《中国文化中"报""保""包"之意义："原报""原保""原包"》又正反映出先生治文字学、思想史、社会史于一炉，举一反三，触类旁通的特色。此一系列之演说势将引发各方面学者的探讨与论辩。先生积数十年治学之经验，对于这几个观念的阐述必有发前人所未发的精彩。而先生一向谈话风趣，答问之际，天马行空，更必然会使听众时刻有突如其来的兴奋，引发不期然的惊讶和赞叹。

在联陞先生来港的前夕，我们回想先生在海外数十年的贡献，记述他生命与学术融会的气质，这是多么的合宜。在剑桥、巴黎、京都之外，先生也终于到了香港。相信在讲学之余，一定会别有一番滋味。更希望他在短短的访问期间，能够有宾至如归的欣喜。

1985 年

引 言

　　三讲总题与分题"原报""原保""原包"都是与前院长金耀基同现任院长林聪标两位先生商定的。"原"字难免夸张，所讲不能原原本本，但用作广告也好。三人听必有我师。我不是来说法，是向诸位请教。若比文史名篇如韩愈之《原道》《原性》，黄宗羲之《原君》，戴震之《原善》（后在《孟子字义疏证》中发挥。戴氏对"理学家"之批评与黄氏对专制暴君的攻击，都中其要害，有其即时与长远之意义。戴氏以汉学家而兼思想家，自负为坐轿子的，别人是抬轿子的，有其根据），则吾岂敢！至于这三个字在中国社会中国文化中有重大的意义，源远流长，则颇具自信。

　　第一讲《原报》，早有 "The Concept of 'Pao' as a Basis for Social Relations in China", in John King Fairbank, ed., *Chinese Thought and Institutions*（1957），pp. 291–309，中译《报——中国社会关系的一个基础》，收入《中国思想与制度论集》（1976，349—372 页）。那是哈佛东亚研究

中心第一次主持的小型会议，除与会者各自撰文之外，还请一位心理学家事先阅稿与各撰者通函讨论。这是费正清老板的新招儿，以后经济方面的小型会，常请顾志耐（Simon Smith Kuznets）教授、何廉教授参加指导，以示敬重。人文之学（humanities）与社会科学（social science）交流，四五十年代已成趋势，历史介在其间，颇像两栖类，开课讲通史，只好先抓大题。

我一向以为中文一字多义（西文亦多如此）有其妙用。语文与思想，关系甚密，有人说：不会德文则不能了解康德哲学。同样也可说，不会古汉语，很难了彻中国古代思想。老子"道可道，非常道"一段应该如何讲，可能还有争论。

因此，我想重复已经说过的意思，用"训诂治史"一词，西文 philology 指语文即训诂。1962 年 3 月我被邀在法国法兰西学院（College de France）作了四次演讲，题为《从经济角度看帝制中国的公共工程》（译题简称《兴建考》，文见《国史探微》，1983，台湾联经出版，189—266页）。第一讲即指出汉学家须通训诂，第四讲用五六页讲"均"与"和"两个重要概念。

更令我向往的是考据而兼义理的训诂创见。大书如傅斯年先生的《性命古训辨证》。单篇文章如沈兼士先生的《"鬼"字原始意义之试探》（《国学季刊》5 卷 3 号，1935），文首有一点提要：

一、人死为鬼虽为一般的传统解释，似非其原始意义。

二、鬼之原始意义疑为古代一种类人之动物，其后鬼神妖怪之义，均由此概念引申发展。

三、鬼字之字族分化系统。

文末附《陈寅恪先生来函》说：

> 大著读讫，欢喜敬佩之至。依照今日训诂之标准，凡解释一字即是作一部文化史。中国近日著作能适合此义者，以寅恪所见，惟公此文足以当之无愧也。

一个字牵涉许多重要事物，则其研究皆可构成一部（不必是全部亦不可能是全部）文化史。寅恪先生之说甚是。日文"鬼"读Oni，指妖鬼，人鬼则曰幽灵。哈佛神学院有一博士论文以《〈法苑珠林〉中之鬼妖（包括鬼与妖怪）》为题，是永富教授指导的，此外尚有可以发挥的题目。

我这三讲，并未写出全稿，只有大纲，也是到第三讲时才印发给大家的。很抱歉——讲时临时措辞，未免繁累，幸而有录音，现在有新亚的友好费神整理录出，精简而不失原意，十分可感。我只作几处文字上的改动。另有附论附注，列在三讲之后。精力视力衰退，只能草草交卷，抛砖引玉，敬待诸贤！

原　报

　　我今天讲的第一个题目"原报",曾用英文发表过文章,又经翻译成中文,许多朋友或已读过。所以,先所说过的,都不拟重复,但却未能绝对避免重复。

　　报的用处实在广大。本讲座在印宣传海报时,学校有人叫我用最简单的英文翻译"报"字。我思索大半天,乃选用 Reciprocate 和 Retribution 二字。有些行为心理学家提到刺激与反应(Stimulus & Response),认为所有人类行为都有这两样东西。又历史学家汤因比(Toynbee)在他的《历史研究》(*Study of History*)中,则用上挑战与回应(Challenge & Response),认为所有文明和文化,都因受到挑战而起反应,才可以发扬,这是很基本的观念。我们中国人用这个"报"字,特别是在社会的关系上发挥了此点。因此,诸位若能联想出愈多愈好。我现在没有用英文 Response 字,是由于我没有这么大本领讲得那么广博。但我注意的一点是,中国人的"报",注重人的来往关系,总必先有二人：我可以先施，你后报；或你施我报，其中缺一不可。

中国"报"字的原义可以溯至很古远。从经典及字源原"报"，我不得不推崇先辈王国维先生在这方面的重要创见。据王先生说，商（殷）人祭其先公，系由上甲微始，但在卜辞中不见有上甲，而田（或作囲）字则数十见，从甲（甲字，古作十）在口中，再遍观卜辞，得知田就是上甲微。又在卜辞中见有囜囝囟三人名，其乙丙丁三字都在匸或匚中，因此才知道就是报乙报丙报丁。王先生又进而了解数十见的田（或作囲，囟），乃上甲二字的合写：甲在口中与囜囝囟的乙丙丁在匸或匚中同一意义。所以匸或匚可能就是"报"字。报是一项非常的祭祀。王先生说："意坛墠或郊宗石室之制，殷人已有行之者与？"（大意见《观堂集林》卷九）即此可知，报原意为祭祀，系由象征郊宗石室（指葬地祭地）而引申为祭祀。在没有找到反驳证据前，王先生的假定应可成立。王国维先生能作此一推想，确是一大天才。我从甲骨文中找不到"报"字，读了王先生这段文字，非常钦佩。

此后，报字用于报祖宗恩典方面，很容易从文献中找到证据。以下引梁任公《中国历史研究法补编》一节以见：

《论语》说："非其鬼而祭之，谄也。""其鬼"和

"非其鬼"的分别，和西洋人的看法不同。意思只是，鬼神不能左右我们的祸福，我们祭他，乃是崇德报功。祭父母，因父母生我、养我；祭天地，因天地给我们许多便利。父母要祭，天地山川日月也要祭……推之于物，则猫犬牛马的神也要祭，如此，"报"的观念便贯彻了祭的全部分。

任公说的祭义，也属于"报"的原义。这是中国人的伟大思想，而且是在佛教来华前的东西。

我那篇文章出版以后，还先后有两篇别人写的、很有关系的文章出现。一篇是金耀基院长写的《人际关系中"人情"之分析（初探）》（见附录二），是由社会学观点作细致分析，我无法赞一词。另一篇是台湾人类学家文崇一写的《报恩与报仇》。我那篇文章多说报恩，他却多讲报仇。当然，报仇也很重要。文崇一先生在文章中考证战国时代许多事例，认为与侠义之侠有关。坦白说，我对他的统计不大同意，但我也因此找过《左传》，发现春秋时代中的"报"多数记载，是说某国"以报某某之役"。由此联想，中国人的报，完全是挨打的事毕竟不太多。《中庸》第十章，子路问强，孔子反问他："南方之强与，北方之强与？抑而（汝）之强与？……宽柔以教，不报无道。"孔子说只以宽柔教导人，对无道而来的人，他是不予回报的。不过，他亦说到此为止。关于孔子提及"不报无道"，注疏家便引孟子的话作解："有人于此，其待我以横逆，则君子必自反也：我必不仁也，必无礼也，此物奚宜至哉？……"（《离娄》下）经过反省自责之后，对方倘然待我横逆如故，那便只好骂骂他"禽兽无异"就算了。照我的想法，这不是很好的办法。在美国人则不会如此。我认为中国人亦要有此一套，光挨打是不对的。"不报无道"不一定是纯人与人之间的关系，例如鲁国和宋国"以报某某之役"，是国际关系。两国要能互相有报复力量才行，国家须有反攻报复的力量才可以自立。以上的一番意思对我以前的文章有所修正。

上面提到英文字 Retribution 译"报"字，即是报应。以下试讨论佛教来中国以后对"报"的观念有多大的影响。

今天在座诸位有一半以上可能已不大熟悉此中的关系。佛教的两大基本观念是：（一）业报和（二）轮回。中国古来已有灵魂观念。可以假定说人的灵魂老是存在的。我的灵魂不但可传下一代，且可上溯无穷世代。此说法有好有坏，就是说生命的链（The Chain of Lives）即是轮回，你硬是超越不出来。轮回之说为佛教所反对，它是印度教的东西，来到了中国才发展，不但如此，人所有的行为都受三世因果的支配。所谓"欲知前世因，今生受者是；欲知来世果，今生作者是"。这些话你很难说有什么不对，佛教徒借此大行其教。汉代《太平经》里类似的说法也值得注意。它认为，天常震怒于人类的恶行而降祸人间。

其中之一项恶行是挖井。今据考古学家说，后汉的人掘井确是不少（当然是水利发展之故）。民间的信仰是，掘井是吸取地母的血液，使地母受伤害。第二项恶行是杀女婴。杀女婴的结果，令女性人口减少到无法使男人同时有两个妻子，以致不能实现一阳配二阴的原则。《太平经》出于后汉末期，此时佛教虽已入中国，但未有积极传播，直至魏晋南北朝以后，佛道两教思想才合在一起。至少到宋代以后，佛教与中国原有的宗教的业报循环影响特大，那就产生了一本相当重要的书《太上感应篇》。民国以来，在二十多年时间里，许多文学作品如小说、戏剧等多少都受它影响，如茅盾的《子夜》即为一例。又曹禺的话剧《雷雨》也言业报，讲家庭悲剧的因果。作者一定以为读者了解他的看法，他才这样写。

我讲"原报"的文章曾提到儒与侠的问题。后来有一本重要的书，是美国斯坦福大学刘若愚教授写的。书中讨论中国文史上的侠，其中提到游侠与任侠。我曾有书评，在最后二页附带谈及游侠和任侠的"游"字和"任"字。特别有关"任"字，我在第二讲中将有论及。关于"游"字，书评兼引述一位犹太教授艾森斯塔特（S. N. Eisenstadt）的意见。现在试把他的和我的见解转录如下：

希伯来大学社会学系主任 S. N. Eisenstadt 教授，有一本名著题为 *The Political Systems of Empires: The*

Rise and Fall of the Historical Bureaucratic Societies，书里提出一个有趣的概念，叫作 Free-floating Resources，直译可作"自由浮动的资源"，或"游离资源"，包括人力与物力。中国的游士、游侠、游民、游手，乃至近代所谓游资，都可包括在内。这些游离资源，如何控制，自然是统治者的重大课题。再广义言之，也就是一个社会里向心力离心力的关系。一个社会，可以有几个中心，这些中心的大小、性质、层次、关系等等，是社会科学者、人文科学者都应注意的事情。一个社会的分子，全如一盘散沙，自然不可。万事定于一尊，也不像是长治久安的办法。如何折中其间，就事在人为了。

前人关于侠的议论，有很多与这个基本问题有关，值得一引。如荀悦《前汉纪》（孝武帝）有一段话："世有三游，德之贼也：一曰游侠，二曰游说，三曰游行。立气势作威福，结私交以立强于世者，谓之游侠。"这是从统治阶级的观点，主张权不下移。在帝国衰亡之世，主张革命或改良的人，则往往替游侠说话。较近的如章太炎《检论》，有《儒侠》篇，一起说"漆雕氏之儒，不色挠，不目逃，行曲则违于臧获，行直则怒于诸侯。其学废而闾里游侠兴"。这或者可以解释为侠出于儒（即未分化之士）说。下面又说："世有大儒，固举侠士而并包之。……大侠不世出而击刺之萌兴。……故击刺者，当乱世则辅民，当平世则辅法。"
这是认为游侠剑客是可以起积极的作用的。太炎又认
为《庄子》书里所描写的盗跖，实在应称为侠。又说
伯夷盗跖都可以称为无政府主义者。这些看法都很有
趣味。较早的如明末清初的方以智，主张任侠，他的
《稽古堂初集》里有一篇《结客赋》，其中有"古之结
客者，意欲以有为也"、"养客以乘会立功，可不谓杰
欤"等语。他的《曼寓草》里有一篇《任论》，其中有
"上失其道，无以属民，故游侠之徒以任得民"、"盖任
侠之教衰，而后游侠之势行"。保任爱护人民，本是在
上者的责任。政治力不足，社会力起来接应，可以说
是好事。近代民主国家，也有很多人这样主张，而且
身体力行。中国自宋以来，有人主张保富，说富民可
以为贫民之主，患难有所依托，意思与此相近。又方
以智认为任侠游侠，应有区别。他虽然没有说得很清
楚，大意似以孟尝、信陵、朱家、郭解等能养士结客，
有许多人依附者为任侠，单身或少数的侠客剑客，则
为游侠，任侠可为游侠之士。章太炎所谓"大侠不世
出而击刺之萌兴"，大侠相当于任侠，而击刺之萌即剑
客，相当于游侠。好像也主张有这样一个分别。太炎
给杜月笙家撰《杜氏祠堂记》说："末孙镛（即月笙）
自寒微起为任侠，以讨妖寇，有安集上海功，江南北
豪杰皆宗之。"用任侠字样而不用游侠，是有斟酌的。

此外，有关报的事情可以讲的还有许多，例如施恩不望报的施与报二问题。佛经提到施有三种：求报施、求慧施和求慈施。求报施是施者一开始即怀有受施者将有报答之心，求慧施是小乘，求慈施是求施恩于人类，即是大乘。

原　保

今天作第二讲"原保"。保和包有些时候可通用，"保"读上声，"包"读平声。"保"，古文作⿱人子，从人抱子，或象征大人背负一小孩。楷书保字的左右两点，有说是装饰用，但我则倾向于相信是象征在小孩两旁作包裹用的东西，故应该是襁褓的"褓"。总之，保字的基本意义没有问题，尤以表示大人对小孩的爱是可以肯定的。至少到了周代，"保"是指能够保有、保持，再申言，是说人保持任何东西之意。孟子说过："天子不仁，不保四海；诸侯不仁，不保社稷；卿大夫不仁，不保宗庙；士庶人不仁，不保四体。"（《离娄》上）但最要紧的还是"若保赤子"（《书经·康诰》），赤子就是小孩子。孟子的政治理想是"保民而王"，人君能保护人民，才可使四海归心，这就是无敌于天下，从而可以讲统一天下。能保住所管理的人民，是做天子的责任。经书讲祭祀，有"神保"，见于《诗经》，又《诗》云"天保定尔"（《小雅·天保》）。

大概从春秋时代开始，统治者便想出了办法，把统治下的人民组织起来，以三人为众，五人为伍，又有什伍之称，意指十人五人，或十家五家。孟子的井田叫耕民协力相友，守望相助。《管子》书中也有一大段，意思是教人民互相帮助的（《小匡》篇"作内政而寓军令""五人为伍""卒伍之人，人与人相保"等），今不具引。统治者更进而研究出当众人间发生了问题时的处理办法，这就是法律，特别是刑法问题。战国晚期，法家商鞅有所谓"设告坐之过"，意思是报告与连坐。人的连带责任问题是中国古来法律的一大特色。什伍的组织演变到后来，就成了出名的保甲制度。保甲是以什伍为一单位，由宋代王安石，明代王守仁，到清朝，内容更臻细密。我的一位老师萧公权教授，有用英文写的一本大书《中国乡村》（*Rural China: Imperial Control in the 19th Century*），是专研清末保甲制度的权威之作，可供大家参考。

以前讲保甲制度的人，多忽略其什伍之制中的成员问题，即究竟是什么人才须要加入，什么人不须加入保甲。据我的初步研究，韩国、江户时代的日本和十二三世纪的英国，已有类似的保甲制度。保甲成员一般只限于卒伍、平民，没有贵族、教会人士的参与，女人也不在内。在这方面，我看过《睡虎地秦墓竹简》所记，其中有"大夫寡"条。寡，少也，意指士大夫不包括在内。《盐铁论》亦记："……自关内侯以降比地于伍。"可见关内侯及以上者不在保甲之列。但中国上古战争及遇有大工事，如其后汉朝造长安城时，却需召用丁女。萧先生书中指出，清代保甲要人民具"联名互保甘结"。甘，意指自愿甘心。我相信现在香港政府也有具结制度的（Affidavit）。

刚才讲到《秦简》，要提一下其中的重要字句"葆子"。它大略相当于汉代和以后的"任子"，即以子作保证，亦就是"质子"。所以，葆子、任子就是人质，但不限于子。在《三国志》则多见"葆官""质任"。三国时代，官员家属任人质的叫作"保质"。又汉时夷狄小国的王子来中国做人质的，叫"质子"或称"侍子"。朝廷对侍子给予多种生活上的优待，此当是侍子享受的权利。但侍子住在都城，却不可以随处乱跑，这却是他们受管束的义务。到魏晋六朝，将军行役在外，他们的家属亦每每为朝廷扣押为人质。推得更早一些，《墨子》书中有关守城的记载："城守司马以上，父母昆弟妻子有质在主所，乃可以坚守。……父母昆弟妻子有在葆宫中者，乃得为侍吏。诸吏必有质，乃得任事。"这些人质，倘其在外的军吏叛变，即被处决。

由"原保"进而讲到与保字连成的几个复合词：

（一）保举——保举制始于汉朝。保举为官，与荐举有分别。据汉法，保举人负有终身的责任，这就是保举连坐法。唐以后，保举人负的责任略有增减。我已故的朋友 E. A. Kracke 教授是宋史专家，认为保举可相当于英文 Sponsorship，他所著的 *Civil Service in Early Sung China*

（1953）多采用《宋会要》，议论精辟。清代士人如要任官，必须陛见时要先觅适当之人担保，须以在京同乡中级品官出具印结，是故具结费是京官的一项可观收入。据李慈铭日记，他每月约有五十两的进账。

（二）廪保——中国考试制度自唐宋以降，已完全上了轨道，至清一代而更臻缜密。宋代所谓举人，只指"被举之人"（Recommended people）。举人为考生特用的等级或名衔，是以后才有的事（有人要找南宋举人题名录那是笑话）。清代举人等级之上是进士，其下是秀才，或叫生员，是由县府中考取的。未经过这考试阶段的，统称童生。童生不受年龄限制，由壮艾到白头老翁，凡入试的一律称童生。童生报考时要向县署报名，列述三代履历，政府则以同考的五名童生互结，由廪生作廪保，保证这些童生身家清白，并无伪冒籍贯、隐匿亲丧、假名等情事。童生请保就叫作认保。廪生是高级学生，由政府支付生活津贴，"食廪"名额各地都有一定。府试除了认保之外，更有派保，是乾隆五十七年湖南学政张姚成建议实行的。原因是政府觉得由童生自由认保仍未免有流弊。派保办法是："由府州教官依长案先将派保名次，榜示署前，考生于府试、院试时，请其加保。"以上所述，见光绪末年探花商衍鎏所著《清代科举考试述录》一书。

（三）保固——《秦简》中亦发现有记载，凡修城者须负责其稳固一年。所以保固即保证工程的坚固。这些保证亦施于防洪等工程。详见《工部则例》（拙著《兴建考》有讨论）。

（四）无任——在二十世纪初，大量东汉末年的囚徒墓砖在河南灵宝（后来又说是洛阳）出土。许多砖上面刻有"无任某某人"字样，引起后来许多考古学者多所猜测。有人认为"无任"乃指"无可供任用"，意思是说囚徒无特殊技能。亦有以之解释为无公民权，近于荒唐。《隋书·刑法志》与《通鉴》都有五任、无任，《通鉴》胡三省注以为"五任"是指五种工艺，说要囚徒通晓五种工艺。我则认为此处的"五"就是"伍"，意指受连带责任所约束的五人群体，"任"是指出需要来自该群体的保证，或类似的保证。"无任"就是没有此种保证，怕他逃走，所以要身带升械（《兴建考》有讨论，升械另见于《刑法志》）。

原　包

今天第三讲"原包"。

为方便前两次未来听讲的朋友，我先简述之前演讲大意。我今次讲"报"字，和以前发表过的"原报"文章多少有不同。这次我强调"报"字在人际关系以外的国际关系。目前国际情势很紧张，至少我的美国朋友都很注意方今两大超级国家的军事情势。这是很重要的事，我们不可忽视。中国古人讲报恩，而亦讲报仇（复仇），公羊家要"复九世之仇"。中国人实在应有智慧和能力去解决这问题，不宜只知墨守"不报无道"的儒家传统。固然，传统见解自有好处，足以感化人，但却不一定可以感化一切人，向无道者表示一下自己到底有一点办法，不失为一件好事。能使无道者知难而退，才是上策。我后来重读清人崔述题为《争论》的文章，他写道："天下之事两让而后相让，亦两争然后相争。国家之大，间里之微，其理一而已矣。"其说至可思省。今日西方许多国家，不但男人讲自卫，女人亦竞相练自卫术，所以我们对儒家的传统不可拘泥。

依次简述"保"义。上次原报，说它的原义系指殷人祭祀、报答他们的祖先。现在，保字原义则是保护子孙，保护后代。例如孟子说"若保赤子"，赤子就是小孩子，因为传宗接代是我国传统认为很重要的事。在战国时，孟子认为要统一世界，应先能保民。这思想伟大得很。其后，聪明的君主由保小孩进而讲求人人互保，例如以五家互保。商鞅令民什伍相牧，设告坐之过，由此即转成刑法问题，"作内政而寓军令"执行恐有困难。由互保再引出后来与保有关的许多复合词，如保甲、保子、保举等，在第二讲已讲毕，不赘。

现在作第三讲"原包"。

包，古文作𠣥，像胞胎，亦作苞（保字亦多从艸，作葆，不知何据）。苞字使人联想到"苞苴"。今日的苞苴有贿赂义，指落在别人口袋中的红包。近代人送礼物，多用蒲包作裹，是不欲人知礼物的轻重。《诗经》云："投我以木瓜，报之以琼琚。"注疏家即提到苞苴。据《左传》，晋公子重耳出亡，过曹，曹共公对之无礼（乘重耳沐浴时窥视其骈胁）。曹大夫僖负羁的妻子预料重耳他日返国必得志于诸侯，"而诛无礼，曹其首也"。所以她在馈送盘飧中置璧（猜想璧藏在飧中）。重耳受飧返璧。后来重耳返国即为晋文公，果然——报复当日对自己无礼之人，但下令不得伤害僖大夫一家。这是有关苞苴的出名故事。传统上苞苴内必有物，近代使用的红包，内置有硬币或纸币，用意亦在于不使人知晓。

由包字原义引申出以下几个有关的复合词：

（一）包占：这辞重在占（佔），即佔有（古代多用占）。与包相连之例有南宋吴自牧的《梦粱录》卷十二，载西湖一故事："专一管辖军兵开撩，无致人户包占。……有御史鲍度劾奏内官陈敏贤、刘公正，包占水池，盖造屋宇，濯秽洗马，无所不施。灌注湖水，一以酝酒，以祀天地、飨祖宗，不得蠲洁而亏歆受之福。次以一城黎元之生，俱饮污腻浊水，而起疾疫之灾。奉旨降官罢职。"后代不乏类似之例。

（二）包揽：亦作大包大揽，说得好听一点是"承揽"。再引有关南宋故事一则。宋代文化极高，尤以都会间的生活习惯，虽今日的水准亦不一定比它更高明。就宴客排备酒席来讲，宋代即有所谓"四司人"，孟元老《东京梦华录》卷四"筵会假赁"条记载："欲就园馆亭榭寺院游赏命客之类，举意便办，亦各有地分，承揽排备，自有则例，亦不敢过越取钱。"又《梦粱录》卷十九亦有"四司六局"条："俗谚云，烧香、点茶、挂画、插花，四般闲事，不宜戾家。"以上二书所载，就是大都会中有人承揽安排酒席的一般服务。"戾家"就是外行，北方话也说"力把"。

（三）保役：后汉桓谭上疏，陈时政之宜云："今富商大贾，多放钱货，中家子弟，为之保役，趋走与臣仆等勤，收税与封君比入，是以众人慕效，不耕而食，至乃多通侈靡，以淫耳目。今可令诸商贾自相纠告，若非身力所得，皆以赃界告者，如此，则专役一己，不敢以货与人，事寡力弱，必归功田亩。田亩修，则谷入多而地力尽矣。"由此可见，此为汉代的一大问题。许多人以钱货与人，盖所谓赊货。放与中家子弟似代理人 Agent。小商借资本于大商，或受取其物为之营运分销，是经济发展的一现象。桓谭反对的，大抵是农民因热衷于商业而荒废田亩，所以建议"若非身力所得"（即指 Unearned），以之界告发之人，以示制裁。

（四）买卖要保人及券契：券字先秦已见使用（见《战国策》齐文，冯谖焚债券故事）。《晋书·王濬传》，濬平吴之后，为人谗告，乃上表晋武帝云："臣切敕所领，秋毫不犯。诸有市易，皆有伍任证左，明从券契，有违犯者凡斩十三人，皆吴人所知也。"又《隋书·食货志》："凡货卖奴婢、马牛、田宅有文券，率钱一万，输估四百入官，卖者三百，买者一百。"今按文券之上必有保人某某，汉代买家地券可证其早。

（五）包工：此词义颇复杂，现在不能细说。包工必先投标立约。明清人讲建筑之书，讲到盖房子，更有所谓"点工"，是指对各项工程真正懂得的人士，点工与只粗知大略的包工有大分别。包工责任还包括承建工程的坚固，此即第二讲所提到的"保固"。

（六）包税：许多人都以为只外国有包税（Tax farming），我却考出中国当南北朝时已有此包税制度。人凡过一地方，必须付某定额的税。于是便有人建议政府包此项税收。到宋代，更有竞价包税，主要的承包项目是专卖税，为酒茶盐税之类。包税又名"扑买"，先定税项为一定额（Quota），由人再按各州各县分包。由此可证当时政府对全国性的物产情况已有相当了解，扑买才可以实行。

（七）包产：包产是政府与民间公私间怎样合作，互相鼓励的大事，例如平民请求政府准许由私人开拓公地种树，或开荒，定若干年为批期，此种土地可以"请射"（此词甚早）。中国大陆现今有"包产到户"，则是由人民在某一程度上独自负起生产的责任。包产一词为用甚广。

（八）连环保：凡五人或甚至两人以上在一起互保，就可称为连环。此如清代末叶，北京五字、四恒银号互相支持，所发银票可互相接受、兑现。

（九）保险：粤人音译 Insurance 作"燕梳"。保险也有"包"的含义。以往多是包车、包船单行，例如人由南京到汉口，以单据写明车船若干等等。在未有银号时，又先有保镖。镖原指一大包，由人负责金融、货物的运送。制药的商人亦往往证实出产的药品为真实，说"如假包换"，还信誓旦旦，倘有伪药，则药商男为盗女为娼。可见中国人素来极重商德。外国人说中国人不注重商业，似无根据。当然，商业发展仍须讲究法律。

（十）包庇：即行私保护之意。《秦简》载"毋敢包率为弟子""其所包当诣迁所"。前包字是包庇之意。指朝廷征兵，上级不能庇护人率为弟子。后包字指家属，如一人犯罪，应予流放（Exile），则罪犯家属也要去迁所。

此外，我又想到老人保险、工业保险、社会保险、劳动保险等等，这些保险将来应该有平衡的发展，现在不能详说。

有一点值得提起的是，中国人一般信用都极高，所以我想用一"信"字贯通前后三次演讲的内容：第一讲的"报"字，我们报答祖宗乃依于对先人的信仰；第二讲的"保"字，是要靠我们对所保的后代后辈有可信性（Trustworthiness）；第三讲的"包"字，是人对社会人群的信实（Integrity），此点尤为重要，曾子每日三省其身，内中的一省是"与朋友交而不信乎"，说某人"不够朋友"，是很有分量的谴责。英文说一个人是"说谎者"（Liar）可能更重。"人而无信，不知其可也。"中外相同。

附　论

报　总论

报　金耀基《人际关系中"人情"之分析（初探）》（台湾"中研院"《国际汉学会议论文集》，1981年10月）以"报"与reciprocity等同，说"报"的观念包含在"恕"的观念中，亦可说已含在"人情"的观念中（417页）。我很同意。金文谦称"初探"，分析已颇深刻。末复举收礼不收礼、如何还礼、何时还礼等微妙的情况，令我想起《礼记·曲礼上》"贫者不以货财为礼，老者不以筋力为礼""吊丧弗能赙，不问其所费；问疾弗能遗，不问其所欲；见人弗能馆，不问其所舍"。一是要量力施为，一是要避免未能施而予人以可施之想，都很细腻，但未必人皆行。"太上贵德，其次务施报，礼尚往来，往而不来，非礼也；来而不往，亦非礼也。"（同上）毕竟是根本。金文结语，指出："个人在社会关系中，他并非由社会文化机械性地规约的；反之，个人是有相当的自由度与自主性的。也即是说，个人对人与人间宜乎建立怎样的关系，他是可以并且应该负责的。从这个角度去考察，社会不但模造了个人，个人也在不断地模造社会。"（428页）我是非常赞成这个提法的。从负责任一点讲，金文不止论了"报"而且引出来"保"与"包"。同声相应，同气相求，不是偶然的。特此致谢！

郊宗石室与巨石文化（报祭之地） 王国维先生的郊宗石室，大约是《说文》祏字注"祏，宗庙主也。周礼有郊宗石室"。又《左传·庄公十四年》"先君桓公命我先人典司宗祏"。杜注"宗祏，宗庙中藏主石室也"。这显然与古代之社有关。西方的（老辈）汉学大家沙畹（Emmanuel-èdouard Chavannes）虽不治甲骨文，而与王先生同时研究汉简，声气相通。沙畹的大著《泰山》（*Le T'ai Chan*）附有关于"社"的长考，1910年出版，王先生可能得见。

推衍郊宗石室之说者在三十年代，颇有其人，特别是闻一多、孙作云、陈梦家三位，正巧都是诗人。我当时在清华听过闻先生讲《楚辞》；作云学长高我一级，常相过从，很惊于他想象力之富，考证之勤；梦家在燕京，与闻先生相熟。燕京清华比邻，颇有切磋之乐。

从简，只介绍陈梦家《高禖郊社祖庙通考》（《清华学报》12卷3期，民国26年，10月）附闻一多跋（同年5

月 24 日）：

此问题自郭沫若先生在其《释祖妣》中首发其凡，余继之为《高唐神女传说之分析》，益加推阐。孙君作云作《〈九歌·山鬼〉考》及《中国古代之灵石崇拜》，亦续有发明。梦家此文最后成而发明亦最多。……余尝谓治古代文化者皆当以社为中心。……

社足征先民生活情况。当然值得注意。陈文 450、451页注有郭沫若信："宗庙起源于郊宗石室，固无异义，唯郊宗石室当更有其源耳。古有巨石文化时代（联陞按：megalithic culture 在新石器时代晚期，可以下及青铜器时代，东西皆有），孤石兀立者曰 menhir，聚石为桌者曰dolmen。此二者或为郊宗石室之初基。学者多求之于天文智识（联陞按：如英国 stonehenge）。然余则以为石器时代人当无此智识，如求之于生殖崇拜，更为合理也。"

联陞按：西方汉学大家高本汉（Bernhard Karlgren）有一文讨论中国古代之生殖符号与崇拜。"Fecundity Symbols in Ancient China"，*BMFEA*, Vol. II, 1930。陈文在郭信之后，疑 dolmen 与卜辞示字从丁者相似。"示即主也。故古代神主（示）亦以'巨石'为之。"周法高《金文诂林》卷一，126 页："姜亮夫以为甲文作 T、干为原形，即象大石碑。作示若示即象洒血之形。（姜亮夫：《文字朴识·释示》，

《云南大学文法学院丛书》，1946）"联陞按：《汉书·楚元王传》"孝昭帝时，冠石立于泰山，仆柳起于上林"。注"臣瓒曰，冠山下有石自立，三石为足，一石在上，故曰冠石也"。《传》又说"孝昭时有泰山卧石自立"，似由卧形改为立形。刘向以为宣帝继位之兆。瓒注"三石为足"甚可注意。

陈文有两页（458—459页）讲 dolmen（桌石），注出日本《东洋文库论丛》一卷五号。同时日本有杂志名《ドルメン》，内容包括人类、考古、民俗诸学。创刊于昭和七年即1932年4月。第一期有鸟居龙藏一文，介绍巨石文化，从欧洲、非洲讲到东亚，说中国东北、山东、日本、朝鲜都有遗物。韩国"棋盘形"，朝鲜"祠形"，是鸟居当时提出的分别。这几十年来考古学家必有新发现，愧我未能详考。

只以甲骨文字论，除了匸形之字与祭祀之报有关，还有一个可释为𠬝之字。陈梦家提出甲骨五例，以为：

> 𠬝象以又（手）按踏人（即俘虏之人），谓以俘虏为祭也。有称岜𠬝一人，岜𠬝二人三人者，又岜卅𠬝者，而受祭者以妣为多，𠬝报谐声，疑此即报字。（《燕京学报》第19期，页111）

但他在《殷虚卜辞综述》中，未再论述此点，可能后已不能自信。专家似无人转引，我不治古文字，更不敢妄论。

李孝定《甲骨文字集释》卷七 2488 页有"宦"字，《说文》所无。卷八 2749 页宦（即𠬝）屈翼鹏以为当是人名，存疑。𠬝 4478 金祖同曰冬疑仍是𠬝字。"㞢𠬝谓有俘也。"存疑为妥。

《殷虚卜辞综述》439 页以下从《说文》："匚，受物之器也，读若方。"连到卜辞"上甲三匚"，主张卜辞的示字即后世"主"字所从来。"祭于藏主所在之门，这种动词谓之'祊''禦''报'。"以为《说文》引《诗》及《鲁语》"上甲微能帅契者也，商人报焉"。凡此报字是动词祭祀的专名，于卜辞作匚。其说平稳可从。

报仇 古人多用复仇。古文家韩愈、柳宗元、王安石各有名篇，都收入姚鼐《古文辞类纂》。韩、柳文见"奏议类"卷十六，王文见"论辨类"卷五。

韩《复仇议》主张："凡有复父仇者，事发，具其事申尚书省，集议奏闻，酌其宜而处之。"

柳《驳复仇议》："臣伏见天后时，有同州下邽人徐元庆者，父爽为县尉赵师韫所杀，卒能手刃父仇，束身归罪。当时谏臣陈子昂建议，诛之而旌其闾，且请编之于令，永为国典。"子厚以为子昂之议不可从。曾国藩曰："子厚此议最为允当。"

王安石《复仇解》又推出一层，说复仇非治世之道。说"复仇之义见于《春秋传》，见于《礼记》，为乱世之为子弟者言之也"。又不信《周礼》"凡复仇者书于士，杀之无罪"，疑其非周公之法。

瞿同祖《中国法律与中国社会》（1947 年）论"血属复仇"（50—65 页）兼论中西，精义甚多。报复可以是个人与个人相仇，牵及家族，在族党层次则有时成为"械斗"，是一大问题，再大则国与国相仇，或教与教相仇，更高层，问题更大。兹不具论。

《礼记·檀弓》上所谓父母之仇，弗与共天下，昆弟之仇，弗与共国，从父昆弟之仇又降。（结客报仇，似当别论）

公羊家所谓复九世之仇，限于国与国间之仇。国可，家不可；分别甚明。（《春秋公羊传·庄公四年》）

补 讲

报告、情报、报纸　报字另有一群重要的意义，姑以报告、情报、报纸为代表，略加讨论。报告多数指研究试验所得写成文章，可以在学刊印，有助于知识之推进。情报多数为决策参考，与报告同样有很大的实用性。以军事言，往日中军帐中，要听"探马一报"，今日更加重要。报纸连无线电、电视等报道新闻，技术突飞猛进，几乎已经不受时间空间的限制，信息媒介大众传播，影响巨大，有些应该保密，有些在正在进行的事件中急于推断或有不良影响，负责的似应随时自律。

中国报纸的略史，较早的有戈公振《中国报学史》及林语堂《中国新闻舆论史》*A History of the Press and Public Opinion in China*，而朱传誉的《宋代新闻史》（1967 年）与《中国民意与新闻自由发展史》（1974 年）征引美富，论议公正，后出转精，值得参考。

附记，谚语"报喜不报忧"可能成问题。例如医生对一个得了致命之症的病人，何时警告病人或家属，大约要看个别情况再报忧。有的病人或家属可能愿意早知道，可以安排后事，独裁者如果只看特备的御用报纸，可能至死不悟。

包、保　补例

保管、包管　虽然相似，看上下文可以分别。为人保管物品不必是为交易，但亦可是服务，责任主要在保全。包管某事或服务是全部负责。货物有包票或保单，大意相同，而包字较重。如"货真价实，如假包换"。管保与管包可以通用，管可以是经管，即旧日公文中之"该"，指当该有司。后来才引申为 the said（上文所指）。《红楼梦》第五十五回"辱亲女愚妾争闲气"，平儿笑道："他有这么一次，管包腿上的筋早折了两根。"管包即是管保。

保，多为证明身份、财产。领护照有时要可靠的人或殷实铺户作保，申请护照上的签证可能要证明银行有存款，入学注册，有时也要银行证明，名为 bond 即保证金。

包车（旧时人力车可以包月），包船，包戏园子，大抵是短期。包饭中外都有，旧时如《儿女英雄传》里的饭店，是中下级旅舍，客人大抵在店中包饭，与近代大都市的豪华饭店大不相同。

包治，似多行于外科，但中医高手自信认证确切，下重量药剂，可以起死回生，亦有声明包治之例案，担当可敬。包产，如果是由上包下，可能分层（亦有"回包"之弊）。只以负责为论，则保与包之意义略同，实际仍要公私分担。

包办、包银、包纳　三词都见于徐元瑞《吏学指南》。此书可以称为元代之官吏事务手册，解释略嫌简单：

> 包办　谓依额认纳官钱，私下多余取利也。
> 包银　谓民纳钞包，以充差发，即古之庸也。
> 包纳　谓包纳一处钱粮纳官者。

大致不误。包办为用最广，不限于赋税，包纳即揽纳。包银是元代特有的一种税名，按户交纳。详见《元史·食货志》及《续通考》等书。

近代之包银多指艺员到外埠献演，预先议定之包银，除艺员本人之报酬，还包括伴奏琴师（大角不用官中琴师）

及自用戏箱及化妆人员等费，所以要称为包。举例如梅兰芳初次到上海，是民国二年（1913）的秋天。上海丹桂第一台到北京来邀角，约好王凤卿头牌，梅二牌，王的包银每月三千二百元，梅只有一千八百元（见梅兰芳述，许姬传记《舞台生活四十年》，平明出版社 1952 年第 1 版第 1 集，140 页）。

顺便提起戏园子里楼上的"包厢"，新建筑中不知还有没有，包厢是对池子而言。有带着家眷的观众，喜欢坐楼上（同上，162 页）。

包揽　包与揽同义，亦合为"包揽"一词。但揽字旧时多有贬义。如包揽词讼之人，旧时称为"讼棍"。棍即光棍，无赖之徒。旧社会没有合法的律师，有人教唆词讼，往往为害。仗义为人申冤之事亦有传于小说戏曲中。西方如美国，又患在律师太多，美国革命元勋大多是律师、政治家兼律师，是一传统。

刑案中有包揽资料。《清代地租剥削形态》（中华书局，1982 年）序，根据乾隆刑科题本（因涉及命案）有安徽揽种（四十八年），浙江揽佃（十六年），安徽揽种（四十年），直隶揽种（四十一年），江苏揽种（四十一年）各案，相当普遍，揽字似无贬义。一案：十三年十月江苏靖江县郁文选"包种"徐顺章田二十亩，得受工银一两八钱五分。议明稻归业主，麦给佃户。文选随将六亩五分转包与褚桂原代种，分给工银六钱。桂原又拨一半与文选嫡侄郁王生承种，分给工钱三钱。均未通知顺章、文选。次年，八月田禾成熟，文选、桂原所种之稻俱已收割交纳，唯王生所包一半田稻因远出未刈。后文选与桂原为割稻责任争闹、相打，文选负伤，走至桂原门首卧倒，逾时殒命。刑部依律殴伤身死拟绞。又加"但包种之田自应包割，乃因私自转包而不肯刈获。衅由伊肇，实系理曲，应不准留养"（褚桂原祖母，年逾七十）（617—619页）。

生产与供应统筹之包 《红楼梦》第五十六回"敏探春兴利除宿弊"：是时凤姐生病，探春、李纨、宝钗三人代理家务，有姑娘们每人一月二两月银，丫头们另有月钱，又有人回，说为姑娘们一月所用的头油脂粉，每月又要二两。探春认为重叠，平儿（代表凤姐）指出可能是买办脱空或以劣货搪塞。后来决定蠲了买办之费。又谈起赖大家的小园子，平儿说："还没有咱们这一半大，树木花草也少多着呢。"探春说："我因和他们家的女孩儿说闲话儿，他说这园子除了他们戴的花，吃的笋菜鱼虾，一年还有人包了去，年终足有二百两银子剩。"探春提议："不如在园子里所有的老妈妈中，拣出几个本分老成，能知园圃的，派他们收拾料理，也不必要他们交租纳税，只问他们一年可以孝敬些什么。……"李纨道："好主意……使之以权，动之以利，再无不尽职的了。"此处颇见作书人的经纶。宝钗又提出，负责的婆子们不必归账，以免受账房捉弄。"不如问他们谁领这一份的，他就揽一宗事去。不过是园里的人动用。我替你们算出来了，有限的几宗事……都是他们包了去，不用账房去领钱……""他每人不论有余无余，只叫他拿出若干贯钱来，大家凑齐，单散与这些园中的妈妈们。"又连到盈利之支配，真是设想周到。

保甲 附注 《商君书》有一句重要的话："省刑要保。"高亨的《商君书注译》（中华书局，1974 年，226 页）可取：

> 亨按：要借为约，要约古通用，本书《权修篇》："文武者法之约也。"又云："则奸臣鬻权以约禄。"并借约为要。此本书二字通用之例。此约字谓约束也，保谓保证也。《史记·商君列传》"令民为什伍，而相牧司连坐"（牧司读为纠伺）即所谓约保也。此句言省刑而令民相约束相保证也。

此四字出于《说民第五》，有一段值得注意：

> 国治，断家王，断官强，断君弱。重轻，刑去。常官则治。省刑要保，赏不可倍也。有奸必告之，则民断于心。
>
> 高亨（译）：国家的政事——刑罚、赏赐等，由人

民在家里来判断，这样，国家就能成就王业；由官吏来判断，这样，国家就强；由国君来判断，国家就弱。加重刑于轻罪，刑罚就可以不用。官吏不轻易更动，公事就可以办好。刑罚少用，人民互相约束，互相保证。应该行赏不可以不赏。有了奸人，必须揭发。这样，人民对于赏罚，在心里就能判断了。（58—59页）

君主独断有问题，"权"可以分层下放，是此段主旨。赏罚即报酬（reward）与惩罚（punishment）。

交换之保 保之"交换"，可以《后汉书》所记班超之子班勇为例。东汉对西域政策有软化趋势。班勇主张加强兵力。廷议有人反对："朝廷前所以弃西域者，以其无益于中国而费难供也。今车师已属匈奴，鄯善不可保信。一旦反复，班将能保北虏不为边害乎？"勇对曰："今中国置州牧者，以禁郡县奸猾盗贼也。若州牧能保盗贼不起者，臣亦愿以要斩（要即腰）保匈奴之不为边害也。"于是从勇议，复敦煌郡营兵三百人，置护西域副校尉居敦煌。勇之答语甚妙。班勇说的腰斩，指自身，但如真受此刑，妻与子可能也连带受累。中世往往说"以百口保"指全家百口，可以泛指。

保任 包括风险，谚语有"不作媒人不作保，一生一世无烦恼"之说。《强恕堂传家集》（乾隆丙午）夏锡畴述其父之言为《庭训述略》，有云："若是手头松时，不可放债，不可保债，不可随会，随缘方便休蹉过。若是手头紧时，不可揭债，不可借债，不可请会，就卖地过日子却无妨。"对财务极小心。传统经济不发展，此是一因。随会（加入合会）、请会（主持合会，邀请会员）都指旧式合会，是一种通融金钱的方式，可追到中古，如唐代文书中所谓"追凶逐吉"，也可看作一种保险。《国史探微》（273—277页）有讨论。台湾今日合会尚多。

工程保固与树木保固　最早的工程保固资料，见《睡虎地秦墓竹简》（简称《秦简》）。徭律："兴徒以为邑中之红（功）者，令结（嫥，即保）堵（即墙）卒岁，未卒堵坏，司空将红（功）及君子主堵者有罪，令其徒复垣之，勿计为徭。县葆禁苑、公马牛苑，兴徒以斩（堑）垣离（篱）散及补缮之，辄以效苑吏，苑吏循之。未卒岁或坏决，令县复兴徒为之而勿计为徭。"（下略，76—77页）

拙著《国史探微》（262—264页）有关于包固之讨论，而且以包工与包税相比，重点在何人（官或民）承包。《工部则例》卷八十五《陵寝》云：

> 陵寝栽种树株，以三年为限。如有限内回干者，责令原栽之员照数赔补。……

乾隆三十年上谕："嗣后回干补种之树，应行保固三年者，务核其实能成活，始准报销。亦不得听其以小树搪塞，倘有仍前因循草率者，惟派出之该总管是问。"

李斗《扬州画舫录》卷十七："花树价值有常。保固有限。保三年者（列举花树诸种）。保二年者，西府海棠。不保年者，大柏树、大罗汉松、头二号马尾松、大白果树、小山里红、小玫瑰、榛子果、欧子果诸种。"

保任连坐　似有限制，大约保任者与被保任者在犯罪时之地位，尤其是罪之轻重，都有关系（大罪早有拿戮）。《秦简》（212—213页）云："任人为丞，丞已免，后为令，今初任者有罪，令当免不当？不当免。"译文："保举人为丞，丞已免职，事后本人为令，如果原来保举过的那个人有罪，今应否免职？不应免职。"可从，但有人说："这说明，如若不是荐举者后来为令，原来他所荐举的人犯了罪，还是要连坐的。"《云梦秦简研究》（中华书局，1981年，202页）推论可疑。可能因所任为丞而丞已免，有罪时其人已不是丞，故不连坐。

《秦简》又有不当坐伍人之例：

　　吏从事于官府，当坐伍人不当？不当。（217页）

此条重视在官府服务，不得常在私家，汉代吏平日住官府，五日一休沐方得回家。秦或亦如此。

　　　大夫寡，当伍及人不当？不当。（217页）

　　注释"推测当时因大夫系高爵，所以不与一般百姓为伍"可从。

　　押符详见《宋书·王弘传》。有弘与八座丞郎讨论，士庶与符伍的关系，有人说"士人在伍，谓之押符，同伍有愆得不及坐"，而"奴不押符"。结论似是：士人可不受同伍之谪，但可罪其奴客。

禅宗语录中之保任与保护　　禅家用保任，其义近于承当护持。举例如次。《景德传灯录》：

　　（天皇道悟禅师法嗣）龙潭崇信禅师……一日问曰：某自到来，不蒙指示心要。悟曰：自汝到来，吾未尝不指示汝心要。师曰：何处指示？悟曰：汝擎茶来，吾为汝接。汝行食来，吾为汝受。汝和南时，吾便低首，何处不指示心要？师低头良久。悟曰：见则直下便见，拟思即差。师当下开解。乃复问：如何保任？悟曰：任性逍遥，随缘放旷，但尽凡心，无别胜解。（卷十四）

　　（云岩昙晟禅师，药山嗣）师后到沩山，沩山问

曰……问：大保任底人与那个是一是二？师云：一机之绢是一段，是两段？（卷十四）

（曹山本寂禅师，洞山价嗣）问：学人十二时中如何保任？师曰：如经蛊毒之乡，水不得沾着一滴。（卷十七）

（丹霞天然禅师，石头迁嗣）师上堂曰：阿尔浑家切须保护一灵之物，不是尔造作名貌得，更说什么荐与不荐。吾往日见石头和尚（希迁），亦只教切须自保护，此事不是尔谭话得。阿尔浑家各有一坐具地，更疑什么！（卷十四）

保护与保任义通。药山上堂，亦说"祖师只教你保护"云云，见《指月录》卷九。

结语　致谢

以下节录 1985 年 10 月 21 日我给张端友主任的谢函：

此次来访为"钱宾四先生学术文化讲座"试作三讲，聊尽绵薄，用志对宾四先生景仰之忱，兼以答新亚之种种厚遇，深觉荣幸，谨与内子同致谢忱！

林聪标院长之介绍词，不免溢美，而情意深挚，相期甚厚，当勉力保任，不负良友所期！

头两讲皆蒙林院长亲自主持，又惠赠纪念奖牌一面，深为感谢！第三讲代院长陈佳鼐先生主席，现身说法，以医者与患者之关系为例，讲报、保、包，新颖可喜。保密一词，使用较近，大意则古已有之。广泛使用，如乌龙院之"二人定计二人知，休要走漏这消息"，则是包藏祸心矣，一笑！

三讲皆用开放式，以便讨论，以后再写出，第三讲时所发之三讲提要，仍属简略，亦欠明了，仍请方家多赐指教！

在新亚诸蒙厚遇，初谒马临校长，即承温语，云起轩欢宴时又得联席，领教甚多。席中果是"文史经纶尽美才"，不胜喜慰！林院长连次赐宴，又引起许多老友：郑德坤、全汉升、谭汝谦、饶宗颐诸先生分别设宴，文学院十数位联合宴请，徐炳麟老板请陆羽茶厅，同席有港大、中大友人数位。徐公子英俊可表。

港大杜维运、金发根两位老友屡次捧场，发根兄嫂对内子协助太多，书此志谢。

各次宴会照片在郑府是德坤学长所摄，余多由张学明博士提供，同谢！诸友赐赠大著多种，受惠良多，统此布谢。

三次演讲有师大附中老同班曾世骏（刚甫先生令孙）录音摄影，庆忠贤伉俪设宴。喜晤两位贤伉女。

李弘祺博士多次驾车，陪同迎送，几于无役不从，至为可感。

端友主任总提调，所部人员热心招待，亲切异常，愚夫妇确有宾至如归之乐。谨再布谢！

抄两首拙作打油诗作结。第一首：

> 华堂贤主盛筵开，文史经纶尽美才。
> 忽忆垂青农圃道，学人特地报恩来。

此诗录在一张宣纸上，请云起轩来宾签名，留在新亚。

1957 年夏，我初谒宾四先生于新亚，特蒙青眼，新亚时在农圃道。附近平房尚多，陈伯庄先生是宾四先生的学侣兼棋友，宾四先生带我步行奉访，还要走过一段颇有野趣的农圃，大约是菜畦，今日恐无痕迹了。

那一次只同伯庄先生下了两盘棋，分先互胜，宾四先生观棋不语，听说两位先生棋力相当，我当时已有日本棋院业余初段免状，1962 年在京都支部以二段格与京大几位教授对垒，三胜一负，见《京都新闻》。以后因血压高不敢用心，棋力大退。余英时初来哈佛时我让他三子，今日他让我三子我仍难取胜。1960 年 5 月 1 日，宾四先生与夫人对英时、联陞下四人棋（分曹未终局），为先生"生平之第一次"。有舍下纪念册留言为证。伯庄先生与联陞有缘，1960 年元旦赐教，盘桓竟日。当时已读先生主编的《现代学术季刊》，甚为钦佩。后又得先生《卅年存稿》，有胡适先生（1910 年同届留美）序，得知先生不只学问渊博，更是"有猷有为有守"的一位高人。存稿中诗多言哲理，纪念册录《独坐》五言（星光自尧年，今宵人牖静）一首。足见先生胸襟之广阔。先生致力于文史哲与社会科学之沟通。精心译撰，直接与西方高贤 Parsons, Lasswell 等通讯讨论。我等后辈，似应效法。

第二首打油诗：

瓦砾沙金杂货铺，也谈儒释也谈玄。

三原"关系""人情味"，四海交游结胜缘。

《景德传灯录》卷十一"仰山慧寂"：

> 亦如人将百种货物与金宝作一铺货卖，只拟轻重
> 来机。所以道，石头（希迁）是真金铺，我遮里是杂
> 货铺，有人来觅鼠粪，我亦拈与。他来觅真金，我亦
> 拈与。

拈与的是觅者自有的。（眉毛落也！）

三原者，原报、原保、原包。"关系"见乔健兄文，
"人情味"见金耀基兄文（两文在一处）[1]。解铃还是系铃
人，有兴，请写一跋如何？

---

[1] 原注：金文见附录二，乔文原作系英文未便转载。

附录一　报——中国社会关系的一个基础

杨联陞著　段昌国译

　　中文里"报"这个字有很广泛的意义，包括"报告""报答""报偿""报仇"，以及"报应"。这一些名词的中心意义是"反应"或"还报"，而此一观念是中国社会关系中重要的基础。中国人相信行动的交互性（爱与憎，赏与罚），在人与人之间，以至人与超自然之间，应当有一种确定的因果关系存在。因此，当一个中国人有所举动时，一般来说，他会预期对方有所"反应"或"还报"。给别人的好处通常被认为是一种"社会投资"（social investments），以期将来有相当的还报。当然，实际上每一个社会中这种交互报偿的原则都是被接受的。[1] 而在中国，其不同之处是这项原则有由来久远的历史，高度意识到其

1　有关此项讨论，请看 Marcel Mauss, "Essai sur le don, forme archique de l'échange," *Annee sociologique*, N.S., Vol. I(1923-1924)，或其英译 *The Gift: Forms and Functions of Exchange in Archaic Societies*, by I. Cunnison(1954)。Wolfram Eberhard 提供此项资料，谨此致谢。

存在，广泛地应用于社会制度上，而且产生深刻的影响。

在儒家的经典《礼记》[2]中，有很著名的一段：

> 太上贵德，其次务施报。礼尚往来，往而不来，非礼也；来而不往，亦非礼也。

这一段后来多次为人所用，已经成为一个谚语。在明恩溥（Arthur H. Smith）的《中国谚语与俗话》[3]中，他引述《礼记》这一段，并加上一则俗话：

> 所谓相互报偿，在理论上就是俗语中的你敬我一尺，我敬你一丈；所谓得人一牛，还人一马；或一盒子来，必须一盒子去，都是这个意思。

明恩溥的同一著作中（73页），又引述了一首诗，并加说明：

> 这一首诗，显示出交互报偿的必要性，阐明朋友交情的真正功用，并且说明了中国帝制下一个基本的原则。其诗如下：

---

2 《礼记·曲礼》卷一，页 6a。见于《十三经注疏》。

3 Arthur H. Smith, *Proverbs and Common Sayings from the Chinese*（《中国谚语与俗话》，1902 年修订版，289—290 页）。

天上下雨地下滑，各人栽倒各人爬。

亲戚朋友拉一把，酒换酒来茶换茶。

　　社会关系的反应或还报并不一定是即时的。逢年遇节的往来送礼几乎是即时的，但其他场合如生日或婚丧喜庆的送礼，则只有在对方也有同样情事发生时才能还报。当然，在这些场合，招待亲友的吃喝可以部分抵还所送的礼；如果送来一份薄礼而受到丰盛的招待，这种还报已经是超过了。此类特别场合以外的普通宴饮，也是同样从质与量上计算所给予所得的。

　　还报也可以是延后的，因为中国人的社会关系，一般来说，是以家庭为基础，而家庭像一个法人，是可以延续很长时间的。在两个已经建立了友善关系的家庭之间，社交礼之往来不必每次都结清，因为双方在短时间内都不会觉得过意不去了。中国人有一句话用来表示这种较为随意的友谊关系，就是"过得着"，意思是说"我们之间的相互交谊已到了一定的程度，可以随意一点了"。但在长时间内，这种社交收支则必须保持平衡。其中极重要的一点是所欠的"人情"，这不但包括感情在内，也包括种种社交的表示如庆贺、吊唁，以及适当场合的送礼等，如果没注意保持平衡，就是没尽到社会义务，将使别人看不起他的家族。一个考虑周到的家长常常会在他洗脸盆旁边的墙上挂上一份特别的社交日历，[4] 以提醒他。有的穷儒往往因为负担不起适当的回礼，而谢绝所有宴饮的邀请。[5]

但怎样才算是适当的回礼或还报，则依儒家或道家哲学而有所不同。《论语》[6] 中有一段：

> 或曰："以德报怨，何如？"子曰："何以报德？以直报怨，以德报德。"

其中"以德报怨"是出于老子的《道德经》里，"四书"的英译者理雅各（Legge）曾指出这一点，并说："这可能是问者早已听过这句话并同意其说法，然后再征询孔子的意见……由这章我们可以看出儒家道德如何低于基督教的标准，甚至还不如老子。"

理雅各的批评并不完全是正确的，因为"恕"字（有时与宽宏或大量连用）确实在儒家思想系统中占着重要地位。中国人的道德劝告君子不要太计较别人的小错小恶，而最高的理想标准，所谓帮助别人而不求报偿，也是被儒家称颂的，但同时却认为有点不合实际。在这一点上，儒家着重的是公正的原则，不可受慈善的影响。

4　例如，见石天基编《传家宝》中"知世事"，31a—b 页。
5　一个早期的例子是后汉的傅贤。见谢承：《后汉书》；又见于《北堂书钞》，卷五三，13a 页。
6　《论语·宪问》十四，6a 页。

根据《礼记》[7]，孔子也允许"以怨报怨"，我们不清楚这项原则在孔子说来是否相当于"以直报怨"。如果孔子确实提过这两项原则，他的立场必然被后来儒家学者修改过了。这些儒者认为以一个君子而大谈以怨报怨是不相称的。这种修改很可能是受了道家的影响。但是，即使这样，我们也不能认为这是道家的理想主义对儒家现实主义（realism）的胜利，因为不论儒家或道家均各有其理想主义与现实主义的层面；同时，"以怨报怨"可以是理想主义的，也可以是现实主义的。一个很实际的理由是，"怨怨相报，何时得了"。为了防止这种永无止境的报仇，政府常会下令禁止报复或血仇世斗，[8] 这一点又配合另一法理的理由，就是：社会上的不公道只能经由国家当局来纠正。

总而言之，"以怨报怨"这句话极少被以后的儒者引用，他们甚至会希望这是《礼记》原书中的一个笔误。在一本宋代名著《袁氏世范》中，[9] 有下面一段，题目是"报怨以直乃公心"：

> 圣人言，以直报怨，最是中道，可以通行。大抵以怨报怨，固不足道，而士大夫欲邀长厚之名者，或因宿仇纵奸邪而不治，皆矫饰不近人情。圣人之所谓

---

7 《礼记》卷五四，《表记》，2a 页。

8 有关报复与血仇，见瞿同祖：《中国法律与中国社会》（1949），50—65 页，在50—51 页并列举有关这点的重要西方著作。

9 《古今图书集成》版，42 页。

直者，其人贤，不以仇而废之，其人不肖，不以仇而庇之，是非去取，各当其实。以此报怨，必不至递相酬复无已时也。

这一段话作者精辟地维护了正统儒家的传统。然而当他谴责以怨报怨的原则时，他显然忘了这句话也是孔子在《礼记》中说过的。同时，《礼记》中记载着孔子的这句话显然支持了一些近代学者如冯友兰的观点。[10] 他们认为《礼记》一书较近于儒家由荀子代表的现实主义派，而较远于由孟子代表的理想主义派。

另外一个对"报"的观念产生影响的是武侠或游侠的传说。游侠的兴起是战国时代，那时封建势力衰落，传统的武士阶级丧失了他们的地位与爵衔，这些勇敢独立的武士，又吸收了来自低层阶级的壮士，他们分散于全国，向任何能够用他们的人贡献其服役（甚至他们的生命）。这些游侠的特点是绝对的可靠，他们视此为其职业道德，司马迁在《史记》中描写他们："其言必信，其行必果，已诺必诚，不爱其躯，赴士之厄困。"[11] 这就是还报那些真正赏识者的方式。他们的永远打抱不平的态度，使得他们成为那些复仇心切的人最得力的助手。

到秦汉时代建立了统一的帝国以后，政府开始限制游

---

10 冯友兰：《中国哲学史》，Derk Bodde 编（1948），148—150 页。
11 同上书，5 页。

侠的活动；这政策主要是根据一项原则，就是公道的行使只能经由代表帝王的司法机构。以后的朝代同样继续这个政策，大致来说颇为成功。自行报仇的人被视同触犯法律者，将被解至公堂接受刑罚（但一个报杀父母之仇的孝子，则是例外：他被判流放而非死刑）。

然而，游侠的骑士精神并未被消灭，《史记·游侠列传》中那些传诵的英雄一直能激起后代的向往，而每个时代中总会产生一些或真或假的游侠人物。下面一个故事中，[12] 显示游侠对还报观念的重视。

唐代中叶，有两个赴考进士而落第的读书人崔涯和张祐，他们流落在江、淮一带，两人都好酒，互相夸耀赏识对方为游侠。一次，崔涯酒醉，作了一首诗如下：

太行岭上三尺雪，崔涯袖中三尺铁。
一朝若遇有心人，出门便与妻儿别。

这首诗以及其他高论使他们驰名远近。张祐家中颇富，有一天晚上，有个相貌英勇的武士来到他家，腰中佩着剑，背包里装着一些血腥的东西。入屋后，武士问道这里是否是张侠士的家，张祐答"是的"，并请他上座。坐定后，武士说："我有一仇人，十年来欲报仇而不可得，今晚我把他

---

12 《说郛编·谈言》，3a—4a 页。另一个情节相似的故事见于《儒林外史》第十二回、十三回，其中那武士是从屋檐上掉进院子里，而非从大门走进来。

杀了,这背包中就是他的头。"接着问道:"你有酒吗?"张祐给他酒,武士喝着,又说:"离这里约三里处住着一个正直的人,我一直想报答他的仁慈,如果我报答了他,则我一生中的恩怨完全了结。我曾听说你的慷慨,你能否借给我十万贯钱,让我立刻还报他?这样可以了结我最后的心愿。从此,我将毫不迟疑地为你赴汤蹈火,为你作鸡作狗。"张祐被武士的话感动了,于是连夜寻出家中的金银细软约值十万贯钱送给武士。武士说:"这真是再好不过!"于是他告辞而去,留下那个血污的背包,说他在天亮前将会回来。张祐担心背包中装着的人头会惹出是非,就派一个人去埋掉它,当他们打开背包时,才发现里面只是个猪头而已。

依照一个真正游侠的道德规范,虽然他们一定得报答别人的恩惠,他们给别人的恩惠却不期望任何报偿,许多游侠甚至拒绝报偿,这种德行称作"义"。"义"通常有"正直"的意思,但在这里,它的特殊意义是表示任何超于普通道德标准的德行。下面一段是冯友兰对"义"字的阐述:"所谓'行侠作义'的人,所取底行为标准,在有些地方,都比其社会的道德所规定者高。如《儿女英雄传》中,十三妹施恩拒报,安老爷向她讲了一篇圣贤的中道,正可说明此点。安老爷说,凡是侠义一流人,都有'一团至性,一副奇才,作事要比圣贤还高一层。'圣贤'从容中道'照着一社会的道德所规定者而行。比圣贤高一层者,正此所谓超道德底也。施恩不望报是道德底行为，施恩拒报则即是超道德底行为了。"[13]

"报"的观念也同时应用到所有其他社会关系上，从五伦之首——君臣关系开始，及于其他。在古代就已经知道，报恩是德政的基础，这一点在汉代学者刘向的《说苑》中说明的最为清楚：[14]

> 孔子曰：德不孤，必有邻。[15]夫施德者，贵不德；受恩者，尚必报。是故臣劳勤以为君，而不求其赏；君持施以牧下，而无所德。故《易》[16]曰：劳而不怨，有功而不德，厚之至也。君臣相与，以市道接，君悬禄以待之；臣竭力以报之，逮臣有不测之功，则主加之以重赏，如主有超异之恩，则臣必死以复之。……夫禽兽昆虫犹知比假而相有报也，况于士君子之欲兴名利于天下者乎？夫臣不复君之恩，而苟营其私门，祸之原也，君不能报臣之功，而惮行赏者，亦乱之基也。夫祸乱之原，基由不报恩生矣。

这一段前面描写的是理想的情况——"厚之至也"，但接下来的"以市道接"的态度却更为切合实际，以之与鸟兽、

13　冯友兰：《新事论》（1940），78 页。
14　《说苑》（《四部丛刊》）卷六，1a—2a 页。
15　《论语·里仁》第四，10b 页。
16　《易经·系辞上》卷七，8b 页。

昆虫来比较，表示还报的原则是一个普遍的自然律。董仲舒也持有相似的观点。这位汉代的思想家发出一套天人合一的理论，在他的理论系统中，国家社会的系统是可与宇宙结构相应的。他说明自然与人类的还报，说道：

> 今平地注水，去燥就湿；均薪施火，去湿就燥，百物去其所与异，而从其所与同，故气同则会……美事召美类，恶事召恶类，类之相应而起也，如马鸣则马应之，牛鸣则牛应之，帝王之将兴也，其美祥亦先见；其将亡也，妖孽亦先见。物故以类相召也。[17]

董仲舒的理论是，政府制度的行使应该模仿天道的运行。他所谓的"国之四政"相当于自然界的四时：

> 天之道，春暖以生，夏暑以养，秋清以杀，冬寒以藏。暖、暑、清、寒、异气而同功，皆天之所以成岁也。圣人副天之所行以为政，故以庆副暖而当春，以赏副暑而当夏，以罚副清而当秋，以刑副寒而当冬。……故曰：王者配天，谓其道。天有四时，王有四政，四政若四时，通类也，天人所同有也。[18]

---

17 《春秋繁露》(《四部丛刊》)卷十三，3a—4a 页。
18 《春秋繁露》卷十三，1a—b 页。

这里所说的"天"，在董仲舒以及其他大部分中国思想家的理论中，是同时指自然界与统御自然界的超自然（神性），其意义有时着重在前者，有时在后者。[19] 我们可以说，"天"不论是人格化或非人格化的，中国人相信它都遵循还报的原则。

从这里我们可以谈到在中国宗教中一个深植的传统，即是相信自然或神的报应。我们从《书经》[20] 读到"天道福善祸淫"以及"上天孚佑下民，罪人黜伏"。中国人相信报应是降在家族身上。正如《易经》[21] 上说："积善之家，必有余庆，积不善之家，必有余殃。"中国古代的俗谚语也说："兵家之兴，不过三世。"前汉著名的战略家陈平曾说过："我多阴谋，子孙不昌。"[22]

然而，实际经验并不能每次都证实这种果报的必然性，因此，不时会有人起而怀疑这个原则。例如，后汉一个著名的自然主义思想家王充，曾论道：

> 凡人操行，有贤有愚，及遭祸福，有幸有不幸；举事有是有非，及触赏罚，有偶有不偶……俱欲纳忠，或赏或罚，并欲有益，或信或疑。赏而信者未必真，

---

19 此项"天"的定义由金岳霖教授提出，见冯友兰：《中国哲学简史》，192 页。

20 《书经·汤诰》卷四，5a 页，又引自明恩溥前引之书，43 页。

21 《易经》卷一，11b 页。

22 《史记》（同文书局）卷五六，10b 页；《弘明集》（《四部丛刊》）卷十三，5a—b 页。

罚而疑者未必伪，赏信者偶，罚疑，不偶也。[23]

对这种带有宿命论色彩的无定论，早期的宗教思想家并没有适当的解答，直到佛教传入中国，其"业"（karma）报以及轮回的观念，说明果报不但及于今生，并且穿过生命之链（chain of lives）。但在这以前，中国的思想家大半只能这样解释，命运是由同一家庭、家族或住在同一地区的人共有的。这种家族或同乡连带负责的原则自古以来即应用在中国政治与法律上。中国人会很自然地假设"天"也一样遵循这个原则。

命运的分担称作"承负"，见于《太平经》，[24]这本书有些观念可以追溯到后汉时期，因而可视为有关道教的第一本书。据书中说，天常震怒于人类的恶行而降祸于人间，其中之一是掘井，据民间的信仰，掘井是吸取地母的血液。书中所说另一恶行是杀女婴，由于杀女婴的结果，使女性人口减少到不能使一个男人有两个妻子，以致不能实现一阳配二阴的原则。这些罪恶可能只是上一代少数人犯下的，但其结果及于家族后代的子孙以及同乡（"承负"一词不见于其他著作。书中有关"承负"一段的文义显示这名词很可能出于汉代）。

到了六朝（220—589）的前期，自然主义再度兴起，

---

23 《论衡》（《四部丛刊》）卷二，1a—b 页。
24 《道藏》版，特别见卷三五、四五、九二。

有些知识分子怀疑神明报应的确实性，因而产生了数度关于业的生动辩论。佛教的业报最初是假定对一个个人而言，并非以家族为基础。而轮回的理论是应用于人类以及所有的生物上，将动物提升到与人类相等的平面是有背儒家传统的。儒家一向以人类为宇宙中心。佛教禁杀生的戒律，使得用牺牲来献祭难以成理由。经过一个逐渐互相调适的过程，随佛教传入的报应观念遂与本土的传统调和。[25] 约自唐代起，确定从宋代以降，普遍都接受神明报应是应在家族身上，而且穿过生命之链，与《太平经》中较原始的观念——"承负"比较，后来的还报观念在理论上充实得多了。

另一部四世纪时的道教早期著作《抱朴子》[26]，则强调报应的机械化与量化方面。《抱朴子》是根据另一部更早期的道教著作，原书早已佚失，上面说道：

> 天地有司过之神，随人所犯轻重，以夺其算。……罪状大者夺纪，纪者，三百日也。小者夺算，算者，三日也。……若算纪未尽而自死者，皆殃及子孙也。[27]

25　有关这些辩论的大略，见 Kenneth Ch'en（陈观胜），"Anti-Buddhist Propaganda during the Nan-Ch'ao," *Harvard Journal of Asiatic Studies*, XV(1952), 166-192。　我曾在另一篇文章 "Hostages in Chinese History," *Harvard Journal of Asiatic Studies*, XV(1952), 520 略谈过有关业的解释。

26　《抱朴子·内篇》(《四部丛刊》)，卷六，5a—b 页。

27　根据《太上感应篇》注，一纪为十二年，一算为一百天，见 Paul Carus 与 Teitaro Suzuki, *Treatise of the Exalted One on Response and Retribution*(1906), 52 页。

书中尚有一些乐观的态度，认为命运是可以改善的：

> 其有曾行诸恶事，后自改悔者，若曾枉煞人，则当思救济应死之人以解之，若妄取人财物，则当思施与贫困以解之，若以罪加人，则当思荐达贤人以解之，皆一倍于所为，则可便受吉利，转祸为福之道也。[28]

上述大部分的观念，后来一字不差地写进宋代的通俗著作《太上感应篇》中，多少世纪以来，这是所有有关道德教训的"善书"中最受推尊的一部，传布这本书被视为一个宗教责任。据二十世纪早期所做的一项估计，[29]《太上感应篇》的版本可能较《圣经》或莎士比亚著作的版本更多。

宋代另一通俗著作是《功过格》，它常常附于《太上感应篇》之后，但也有独立的版本。书中列举各种的善行与恶行，并用正负数字标示其价值，书后留有空白，让读者列举他的功过行为，正负数字的总数，以及功过抵消后的结果。研究这一张标准的功过表对了解中国的道德价值颇有帮助。[30]

纯粹世俗的社会关系也可以用数量来分析，而且绝大

---

28 《抱朴子·内篇》卷六，7b 页。

29 Carus 与 Suzuki 前引之书，3 页。

30 前书，页 132—134，另见橘朴：《近代思想研究》一，39—92 页。

多数情形都可用金钱来表示。这一点我们可以从下面一个笑话中看出来。这个笑话见于《笑得好》，是出于一套道德教训的集刊《传家宝》中，编纂者是清初扬州的石天基（3a—4a 页）：

扣除二两一夜

一翁慈善好施，因大雪，见一人避于门檐，怜而延入，暖酒敌寒，遂留一宿。次日雪大，又留之。如是三日，天晴。此人将别去，因向翁借刀，翁取刀出，其人持刀谓翁曰："素不相识，承此厚情，惟有杀此身以报。"翁惊，止之曰："如此则害我矣。"其人曰："何所害？"翁曰："家中死了一个人，一切无事，烧埋钱也得十三两，零碎尚多使费。"其人曰："承翁好意，不好算这许多使费；竟拿烧埋钱十三两与我去罢。"翁大怒喧嚷惊动邻里为之解劝，处其半，以六两与之。临去，翁叹息曰："谁想遇着这等没良心的人。"其人曰："不说自己没良心，到（倒）说我没良心。"翁曰："如何是我没良心？"其人点头曰："你说有良心，止不过留得我三夜，就不该扣除二两一夜了。"

石天基用这个笑话来引入他的道德教训，他说我们不应该只嘲笑这个年轻人，也应该想到那些不知感恩的子女与官吏，背弃父母或君主。也许我们也可以用这个笑话来说明一句中国俗语——"善门难开"。在美国也有这种情形，例如，一个搭便车的人可能谋害那好心搭载他的人。在上面的故事中，值得注意的一点是：主人对留住过夜的友人可能按夜计算类似旅馆的费用的钱数。

"报"的观念对中国制度的影响是广泛而多方面的，为了便于将各种影响分类，我们可以利用一些近代研究中国社会的学者提出的通则，特别是下列三项：（一）家族主义（二）现世的理性主义（worldly rationalism）（三）道德的分殊主义（ethical particularism）。第（一）（二）项一般认为是中国社会的特征。在前面已经说明过了，此处仅补充几点。分殊主义与普遍主义的对比，最初是由韦伯（Max Weber）在他那本著名的《宗教社会学》（Religionssoziologie）中提出的。在美国，韦伯的理论经帕森斯（Talcott Parsons）加以阐述。但是，"报"的观念对于分殊主义与普遍主义的关系，仍有待进一步说明。

（一）家族主义：从上面的讨论中，我们已经很清楚还报或反应的原则是在家族系统的基础上行使的。赏与罚，赐福与诅咒，全都可以在家族内转移。在政治与法律制度中，有很多例子，如荫或荫叙，恩泽及于家中后代子孙；如封赠一二三代，即是把爵位赠予二三代的祖先；如赃赠，这是经官吏要求，将赠给他的爵位转赠给他的祖先；又有族刑，惩罚及于整个家族。[31]

交互报偿的原则又转而加强了家族系统。例如，孝道即是还报原则最恰当的说明，即使以最严格的交易来说，做儿子也应该孝顺，因为受到了父母如此多的照顾，尤其是在幼年时期，中国有句俗谚说："养儿防老，种树求荫。"[32] 又说："养儿防老，积谷防饥。"[33] 养育儿女可视为最普通的社会投资，一个不孝子同时也是一个不高明的生意人，竟不能偿付他父母的老年保险。[34] 在礼仪方面，孔子说明子女为父母守三年之丧是因为："子生三年，然后免于父母之怀。"[35]

（二）现世的理性主义：将用于人世的推理也同样用于上天，由此，将上天带到人间，而非将人提升到那至高之处。神明报应与现世报应是携手合作的，以前者补充后者。"报"这个字，用做报恩的意义，曾多次出现在《礼记》中，用以说明牺牲献祭的宗教制度。下面一段取自近代学

31　关于"荫"，见 Karl A. Wittfogel, "Public Office in the Liao and the Chinese Examination System," *Harvard Journal of Asiatic Studies*, X(1947), 13-40; E. A. Kracke, Jr., "Family vs. Merit in Chinese Civil Service Examinations under the Empire," *Harvard Journal of Asiatic Studies*, X(1947), 103-23. 关于"荫叙"与"封赠"，在明清两代可参考《明会典》(万历版) 卷六与《大清会典事例》(光绪版) 卷一二七一二八。关于族刑，可参考仁井田陞：《支那身份法史》(1942)，225—236 页。

32　明恩溥，前书，302 页。

33　《传家宝·俚言》，3a 页。

34　关于子孝为父母之老年保险，是农民生活一个很普遍的态度，见 D. H. Kulp II, *Country Life in South China: The Sociology of Familism*(1925), pp. 135-137。

35　《礼记·三年问》卷五八，22a 页；《论语·阳货》十七，4a—b 页。

者梁启超的论述，³⁶ 他的观点可在中国经典中找到例证：

> 《论语》说："非其鬼而祭之，谄也。"³⁷ "其鬼"和
> "非其鬼"的分别，和西洋人的看法不同。意思只是，
> 鬼神不能左右我们的祸福，我们祭他，乃是崇德报功。
> 祭父母，因父母生我、养我；祭天地，因天地给我们
> 许多便利。父母要祭，天地山川日月也要祭，推之于
> 人，则凡为国家地方捍患难建事业的人也要祭，推之
> 于物，则猫犬牛马的神也要祭，如此"报"的观念系
> 贯彻了祭的全部分。³⁸

然而，当梁氏说到祖灵与神祇并不能影响到人间的财
富时，他却将这个制度过分理性化了。这点他是犯了以读
书人的标准去衡量一般大众心理的毛病，因为大多数人自
然会期望自祭礼中得到降福。这一点是很重要的。当我们
讨论到普遍主义与分殊主义时，其意义将更显明。

（三）根据韦伯与帕森斯的理论，西方社会秩序的基础
之一是其道德的普遍主义：

> 我们（译者注：指西方）最高的道德责任，在理

---

36 《中国历史研究法补编》（1933），201 页。
37 《论语·为政》第二，4b 页。
38 《礼记·祭法》卷四六，17a 页。

论上或实际上，绝大部分是"非个人地"应用于所有人身上，或者大部分其范围均无关乎涉及任何特定的个人关系。……在这方面，清教徒的道德代表的是将基督教普遍倾向强化的结果。它对于社会上的偏袒徇私具有极强的敌意，在这方面，儒家道德与之正相反，儒家道德认可的是一个人对另一特殊个人的"个别"关系——并且特别强调"仅只"这种关系。在儒家道德系统认可与接受之下的整个中国社会结构，主要的是一种"分殊主义"的关系结构。[39]

中国社会中还报的原则应用交互报偿于所有的关系上，这原则在性质上也可被认作是普遍主义的。但是这个原则的行使却是倾向于分殊主义，因为在中国任何社会还报绝少只是单独的社交交易，通常都是在已经建立个别关系的两个个人或两个家族之间，一本由来已久的社交收支簿上又加上的一笔。限于已经建立起来的个别关系，个人的还报很容易造成——或至少在表面上——偏袒徇私的结果。

一般说来，个别化的关系有一种倾向，使得原来意图应用于普遍态度上的制度变得分殊化，因而在中国传统中，即使为办理公务，如果能恰好使某一个人得到利益；这个人也得以一分受恩惠的感激之情对待那个造成如此结果的

39 Talcott Parsons, *The Structure of Social Action*(1949), pp. 550-551.

人。例如，过去参加政府考试是进入官职的主要之途，取中的考生与那选取他们的考官之间，关系极为密切，他们之间有类似师生的关系。在中国的道德标准中，师与天、地、君、亲并列，处于非常尊崇的地位；因为一个人对这五种关系的亏欠，不是个人偿还得了的。

从下面的故事[40]中，说明一个中国传统的考官如何借其职务进行社会投资。九世纪前期的一个宰相崔群以清廉著称，以前他也曾担任考官，不久以后，他的妻子劝他置些房产以留给子孙，他笑着答道："我在国中已有了三十个极好的田庄，肥沃的田地，你还要担忧房产做什么？"他的妻子很奇怪，说从未听说过。崔群说："你记得前年我任考官时取了三十个考生，他们不是最好的财产吗？"他妻子道："如果这样说，你自己是在陆贽底下通过考试的，但你任考官时，却特别派了人去要求陆贽的儿子不要参加考试，如果说考生都是良田的话，至少陆贽家的地产之一已经荒废了。"崔群听了这话，自觉非常惭愧，甚至几天都吃不下饭。

在这里要说明的是，崔群要求陆贽之子不要参加考试的理由是避免别人怀疑他徇私。这位清廉的官吏是依照一般中国君子的态度，不使自己陷于被人褒贬的情境中。另一方面：正如他妻子所说，这样的说法，他也会被批评为

---

40 《独异志》（《稗海》），2a—b 页；《唐语林》（《丛书集成》）卷四，120 页。这段故事，陈寅恪氏在其《唐代政治史述论稿》（1944），61 页讨论过。

自私，不知感恩，因为他不能报答他的考官与师长的恩惠。这个故事有一点很重要的是，崔群将考生比之于财产，这并不完全是笑话，它指出在中国帝制时代，考官的确期望从他们的职务中获得相当的还报。

这种考官与考生之间的关系，在传统中国是视为正常的，但在近代西方社会则会被视为有助于徇私：因为它将公职与私人个别关系混在一起。当然，究竟什么行动才构成徇私、贿赂，或某种形式的腐化是一个程度问题，再说，这也要看其道德标准是高是低；单一的或多方面的，才能下判断。

这使我们引入一个有关儒家二元道德标准的有趣问题，即所谓"君子"道德与"小人"道德。儒家的理想主义赞扬君子的所为，但儒家的理想主义也维护，至少是容忍，小人的所为是正常的。由于在帝制中国下的儒家思想是结合理想主义与现实主义的成分的，因此他们很自然地允许两种不同的道德标准同时并存。我们将以讨论这种二元标准及其在中国思想史的意义作为本文的结束。

孔子说："君子怀刑，小人怀惠。"[41] 因此，君子与小人对相同的刺激会产生不同的反应。孔子说君子："躬自厚而薄责于人。"[42] 这显然是因为别人不一定是像他一样的君子。《太上感应篇》遵照这个传统，同样训示道："施恩不求报，

---

41 《论语·里仁》第四，2b 页。
42 《论语·卫灵公》十五，3a 页。

与人不追悔。"[43] 一般小人给予帮助也要求报偿，那些只接受帮助而不给报偿的人，事实上是低于小人的标准，这种人是一个邪恶的"小人"而不只是一个小人。一般小人如果曾施惠给一个忘恩或邪恶的人会懊悔自己的施与。

至于一个君子，用孟子的话说："礼人不答，反其敬。"[44] 换言之，先反省确定他自己的有礼是否真正由尊敬而发。关于这种反省，孟子曾详细说明，其大略如下：如果一个谦和有礼的君子被人待以恶意无礼的态度；他首先应反省他自己，他自己是否没有达到谦恭温和的标准，或没有尽己之心，直到他对自己完全满意后，如果对方仍是恶意而不可理喻，则君子会说："如此则与禽兽奚择哉！于禽兽又何难焉。"[45]

但对于一个小人来说，他的道德标准允许他以无礼报复对方的无礼。本文前面曾说到游侠的德性，我们曾引述司马迁的话"其言必信，其行必果"，同样的描述也见于墨子的书中，据冯友兰氏的说法，墨子的教训与游侠的传统有密切的关联。[46] 有趣的是，同样的话"言必信，行必果"，也见于《论语》中，孔子将这种人列为"小人"，但也给予这种人"可以为次"的等级，列于其他"最优"与"优等"

---

43 Carus 与 Suzuki，前书，53 页（译者注，原文见《太上感应篇》卷五）。

44 《孟子·离娄上》，4a 页。

45 《孟子·离娄下》，2a—3a 页。

46 冯友兰：《中国哲学简史》，50—52 页。

之后。[47] 这里我们注意到游侠的道德标准与孔子的有着明显的差别。

其差别起自儒家学者对上文中"必"字的反对，《孟子》说明这一点时说："大人者，言不必信，行不必果，惟义所在。"[48] 其中"义"字表示正当或深思熟虑后的正当决定。我们比较另一个表示"讨论、考虑"的"意"字与这个"正义"的"义"字，不但在语音上相同，意义上也有关联之处。

汉代儒者赵岐曾评论《孟子》这一段，他说："大人仗义，义有不得必信其言，子为父隐也[49]……若亲在，不得以其身许友也。"[50] 文中所举的例子是孝道高于诚实的绝好说明，在这里，分殊主义超出了普遍主义。

在游侠的道德标准中，还报的原则是普遍主义的，他是绝对会偿还他所接受的每一餐好心的招待，也会对别人愤怒的眼光还以颜色，不管对方是君子或小人，亲友或陌路人。但儒家的君子却拒绝与一个不讲理的人作对，他仅将之比为一个畜生，这就是儒家在古代被视为"懦者"的

---

47 《论语·子路》十三，3b—4a 页。
48 《孟子·离娄下》，3b 页。
49 《论语·子路》十三，3b 页。
50 《礼记·曲礼》卷一，10a 页。

原因，儒字本有"懦弱"之意。[51]

古代的儒家学者中，孟子是特别以他维护"义"的原则而著名，他应用这原则以一种非常审慎而委婉的态度，从下面的例子可以看出：一个在邻国担任监国的诸侯，以及另一国家的大臣，两人分别以礼物赠送孟子，孟子都接受下来，但并没有对任何一方还礼。后来，当孟子分别访问这两国时，他去拜访那个诸侯，却不去拜访另一位大臣。他对两人不同的还礼使一个门人很奇怪，因此问孟子是否因为大臣只是一个大臣而已，孟子答说"不是"，并且暗示那位大臣的礼物并未伴有适当的尊敬，于是门人懂得，那位诸侯作为一国的监国，不能离开其职位去拜访别人，但是那位大臣却没有理由不来亲自拜访，以表尊敬。[52]

这样审慎而委婉的回报，很明显地，不但会让他的门人，也会让对方当事人思之再三。因为没有回报也是一种回报，一个人如果预期从一个君子处得到回报而结果没有，应该开始反省他自己。我们也可以同样解释孟子所说，他拒绝教授某人也是一种教授法的意义。[53]

如此审慎而委婉的回报，却不是现实主义者荀子的特

---

51 在 *The Doctrine of the Mean* (pp. 380-390) 即《中庸》里，有一段孔子与他好武的门人子路讨论各种类型的"强"的故事。虽然，这章的解释至今并无定论，文中所指的"南方之强"与"北方之强"可能分别指"懦弱"君子与游侠两种传统。孔子赞同的是第三类型，即是两者之执中。

52 《孟子·告子下》，4a—b 页。

53 《孟子·告子下》，6a—b 页。

性。在另一方面，荀子的教授则较近于普遍主义，他着重于生活的制度化方面，例如：谨守父母之丧，按时献牺牲祭祀等，因此我们在他的学生中找到法家韩非子，并非意外。韩非主张以统一的法律治理全中国，在普遍主义的观念——法与儒家的观念——礼与义之间有着明显的对立，礼是指君子的仪节或生活方式（仅对君子而言），[54] 义是指慎思后的正当行为，或者我们可以说，是分殊主义的正直行为。

道德标准的不同，自然有其社会背景。如果我们记得，在周代，君子也用于称贵族，小人用于称呼一般平民，我们很容易会想到，这种二元道德标准起源于一个两层阶级的社会，在周代前期，一个有贵族地位的人与一个有君子德性的人，一般相信（即使不全然如此）是二而为一的。同样小人与平民的形象也是叠合在一起的。君子与小人各有自己的道德标准，日后周代封建秩序衰落，其社会阶级与各阶级的生活方式，包括道德标准在内，不再能够配合。这种情形到孔子的时代已经被人注意到，自那时起，君子与小人遂各自有了特别的语义。游侠他们可能曾为贵族，但自从失去其贵族地位后，他们倾向于认同自己为平民，因而他们的道德律遂与平民的相混合。[55] 另一个可能的解

---

54 关于这点，瞿同祖有精辟的讨论，见注 8 同书，214—237 页。

55 劳榦在其《论汉代游侠》一文中（见台湾大学《文史哲学报》，第一期，1—16页）曾提出，在意识形态上古代游侠也许非常接近道家哲学。但这一点并没有得到确定的证明。

释是，也许贵族武士与贵族君子之间的道德标准有所差异，因此发展成游侠与儒家二者所持不同的原则。但这种情形不可能早于孔子的时代，因为在贵族间的社会分化与专业化的过程那时候不过才开始。在周代早期，所谓"（武）士""君子"指的都是同一个贵族。

自周代灭亡，秦朝在公元前221年统一中国以来，有二十一个世纪之久，帝制系统是中国社会的上层结构，而家族系统是基本单位。人对君主与对父母的责任遂受到格外重视，在这两方面，分殊主义都成为最重要的原则，交互报偿的原则受到修改。在这方面，儒家思想着重于将人的"名分"置于实际之上。君主或父母仅凭其地位即有特权接受其臣民或子女的尊敬与服侍。在极端的例子中，当一个大臣毫无理由地遭受惩罚，他仍会对君主说："臣罪当诛，天王圣明。"[56] 为了确保子女对父母绝对的孝顺，儒家学者发明出一言以蔽之的通则："天下无不是的父母。"[57] 子女或臣民永远是该责备的，不论父母或君主如何对待他们。

但早期儒家对父母或君主的态度是不同的，对于一个君主的苛政，孟子赞成用反对、背弃，甚至叛变的手段来报复。[58] 弑暴君在孟子认为是正当的，因为一个行暴政的

---

56 《韩昌黎集》（《国学基本丛书》）卷六，54页；卷七，37—39页。
57 《小学集注》（《四部备要》）卷五，8a页。
58 《孟子·离娄下》，2a—b页。

君主已经不是君主，只是一个独夫。[59]孟子也允许子女在他父母犯了大错时，可以出言反对其父母，理由是如果子女对父母的残暴毫无反应，会更增二者的距离与疏远。[60]孔子也允许子女劝谏其父母，但要用温和的态度。[61]孔子对君臣关系的态度也不会与孟子的相差太远。[62]就孔子与孟子来说，他们对后世儒家所做的修改一定会觉得奇怪。

在帝制中国下发展出分殊主义，并继续保持其二元的道德标准，但中国社会并不能算是一个严格意义上的"两层阶级社会"。这个名词也许可以应用在一个广泛的意义上，因为士大夫与平民（其他学者偏向使用士绅与农民）间的对比是很显然的。我们还应该记得，在传统中国任何时期，社会上小人都比君子多得多，因为只有小部分人口受得起教育，至于那些不曾多读书的平民小人，他们的道德见于俗谚以及各样的民俗中，其中交互报偿一直是正常的标准，既然这在儒家看来是一个低下但却可以接受的标准，这个原则遂成为君子与小人二者共同的立足点——换言之，即是整个社会的基础，这里才是真正意义所在。

过去数十年中，中国社会进行了一连串的巨变或革命，

---

59 《孟子·梁惠王下》，12a 页。

60 《孟子·告子下》，2b 页。

61 《论语·里仁》第四，2b 页。

62 《论语·颜渊》十二，3a 页。其中"君君、臣臣、父父、子子"显然是指两对交互相应的德性，而非四个独立单方面的道德要求，这一句可以与《管子》(《四部丛刊》)卷二,6a 页及《汉书》卷六三,3a 页中"君不君则臣不臣，父不父则子不子"来比较。

这些对生活各方面都有深远的影响。但目前，我们仍难以确定人们是否会限制这项交互报偿原则的广泛应用，或人们是否不再高度自觉到这项原则的存在，如果是的话，将到什么程度。中国社会在现代西方道德标准的影响下，这项原则自不可能如过去一般地行使，但中国人也不可能就会希望完全放弃这项原则作为社会关系的基础。

（原载《食货月刊》3 卷 8 期）

附录二　人际关系中"人情"之分析（初探）

金耀基

　　"人情"在中国社会是极普遍的概念，中国人常自认或被认为是重人情的民族。[1]也许由于这是一太普遍、太自明的事象，因此，很少人曾对"人情"加以系统性的讨论。每一个受过中国文化熏陶，或在中国社会生活过的成年人，无不了解"人情"这个东西，都知道它的存在，并且在具体的情形下，都知道他应该怎样应对或处理人情，但是还很少见到有人把人情在抽象化的层次上提炼成重要的社会

1　持这种看法者，不胜枚举，但对"重人情"的评价则不一。林语堂把"情理精神"看作是儒家人文主义的一部分，并认为由此发展了中庸之道。他欣赏中国人之人情，但也认为这是中国的错误。见林语堂：《吾国与吾民》，中译本，台北，综合出版社，1976，86—92 页。有论者以"人情是我国文化最宝贵的遗产"，认为"数千年传下来的人情传统是我中华的精神命脉"。见吴森《情与中国文化》一文，收入《望道便惊天地宽》，香港中文大学新亚书院中国文化学会编，1975，87—96 页。在"文化大革命"期间，对"人情"这个观念攻击甚力，如：青红哨：《揭穿"礼尚往来"的反动实质》，收入《彻底批判孔孟之道》，上海人民出版社，1970，120—122页。

学概念或理论。[2]

中国社会，像任何其他社会一样，它的存在与发展是有其结构性或规律性的，而要了解中国社会系统的性格，特别是它的安定（或不安定）的原因，有一个可用的研究角度，即是寻找社会中普遍流行而且具有社会规范作用的文化概念。人情就是这样的一个文化概念，它不只普遍地存在于社会中个人的意识层里，而且是外在于个人的意识层，并对于社会（人际）关系是具有拘束力的。在这个意义上，人情是法国社会学家涂尔干（Durkheim）所说的"社会事实"，[3] 也即此一社会现象不能纯由个人层次加以解释者。[4] 我们以为对这样的文化概念的研究，将更能接近社会生活的真实面，而不致像许多哲学的概念的分析，往往只能停留在文化的"应然"或"理想"的层面。同时，我们以为，通过对具有社会规范作用的文化概念，像"人情"的分析与提炼，将不只有助于对中国社会的了解，同时可

---

2 比较例外的是，冯友兰与费孝通都曾对人情作过相当系统的分析。见冯著《新世训》第三篇《行忠恕》及第六篇《调情理》。上海：开明书店，1940。费著《乡土中国》，台北：绿洲出版有限公司，1970年重印，见其中《血缘与地缘》一文。

3 见 Emile Durkheim, *Rules of Sociological Method*, Free Press, 1964。中译本有许德珩的《社会学方法论》，台湾：商务印书馆，1967，台一版。

4 涂尔干以"社会事实"只可由其他社会事实来解释，而排除了心理的解释之可能。这是他企图否定"方法论上的个人主义"(methodological individualism) 以建立纯社会学的方法论基础，但此却掉入了"方法论上的集体主义"(methodological wholism) 的陷阱。其实，他只需说"社会事实"不能纯由"个别事实"(individual facts) 来解释即足。见 Steven Lukes, *Emile Durkheim: His Life & Work* (London: Allen Lane, 1973)。我们以为对人情这个"社会事实"的研究，应从个人及集体两个层次着手的。

以有助于社会学的"中国化"。社会学是一门经验性的科学，它在中国的生根发展必然地要与中国的社会现象结合，而通过这样的努力，不只可检视许多西方社会学概念的普遍性与局限性，同时也可使中国社会的或文化的概念成为社会学的一般性的资产。

　　本文旨在对"人情"这个极为复杂的概念作一社会学的分析，这是一初步的探讨，希望借此能推演出更深入并有系统的研究。本文所要讨论的是：（一）"人情"的含义及其与中国伦理学上"恕道"之关系（二）"人情"与中国社会结构之特性（三）"人情"在人际关系中的作用与性格（四）"人情"的紧张性及其解消机构（五）从"人情处理"之自由度看个人与社会之关系。

（一）　"人情"的含义及其与中国伦理学上"恕道"之关系

　　"人情"一词，有多种意义。《礼运》："何谓人情？喜、怒、哀、惧、爱、恶、欲，七者弗学而能。"这是指人之情欲而言。杜甫诗"於菟侵客恨，粗粝作人情"，则是指馈赠品。至于《红楼梦》中"世事洞明皆学问，人情练达即文章"，则"人情"二字似指世情、世故而言。人情与世故二词常是连用的，如明杨基《眉庵集》中《闻蝉》诗："人情世故看烂熟，皎不如污恭胜傲。"又金缨的《格言联璧》中有"只人情世故熟了，什么大事做不到？只天理人心合了，什么好事做不成"。[5]

在传统中国，王法、天理与人情是三者并列的，这是规范人之行为三个环节。吕新吾《续小儿语》谓："世上三不过意，王法天理人情，这个全然不顾，此身到处难容。"便是这个意思。人情是人之"应有"的情感，因此可说是做人之基本需求，故而凡人总需要有人情。《世说新语》谓王戎说："圣人忘情，最下不及情，情之所钟，正在我辈。"此正说明一般人不能无人之情。"无人情"、"不近人情"在中国便是一坏事。苏洵在《辨奸论》中说"凡事之不近人情者，鲜不为大奸慝"，这便是对人之品德一重大的指摘。如果真正完全不理会人情或脱离人情的则非一般的常人了。道家所谓"圣人有人之形，无人之情"，则是太上之忘情，此又当别论。[6]

从社会学的观点说，"人情"二字应该是指人与人间的关系，亦即"人相处之道"。[7]当我们说此人"不通人情"，

5　人情与世故二词即非合用为一，也是平行而非对立的，如"饱谙世故休开口，会尽人情但点头"这副对联即是。冯友兰则把人情与世故作一区别，他说："一个人来看我，在普通底情形中，我必须回看他。一个人送礼物与我，在普通底情形中，我必须回礼与他。这是人情。'匿怨而友其人'，一个人与我有怨，但我因特别底原因，虽心中怨他，而仍在表面上与他为友，这是世故。"见前引冯著：《新世训》，42—43页。

6　见前引冯著：《新世训》，121—125页。

7　史学家钱穆说："中国人很早便确定了一个人的观念。由人的观念中分出己与群。但己与群都已包涵融化在人的观念中。因己与群全属人，如何能融凝一切小己而完成一大群，则全赖所谓人道，即人相处之道。"钱著：《民族与文化》，香港：新亚书院，1962，6页。

实是说"此人对于人与人的关系，一无所知"，这是对一个人的很不好的批评。相反，我们说此人"人情练达"或"通达情理"，则是指此人善于待人接物，善于把握到人与人相处之道的最好分际，这便是一种赞美。但是，当我们听人说"此人世故很深"，则就会使人联想到奸猾、有城府，甚至意含此人在利用或操纵人情之意了。总之，中国人是极重人情的，但中国人讲（人）情，通常是与"理"相提并论的。[8] 所谓"合情合理"、"合乎情理"，这可以解释为，真正的人情应不离开理，离开理便亦不合乎人情了。不过，林语堂则说"中国人把人情放在道理上面"，并认为中国人有一种崇拜"常情"的倾向。[9]

依前所说，"人情"是指人之相处之道，或人与人之关系。其实，这可推源到儒家的社会理论。儒家的社会理论主要在人间建立一和谐的社会秩序。这个社会秩序的基本骨架是伦理。儒家学说的基本假定是人是生存在各种的关系上的；此种种关系就是种种的伦理。所谓"人伦"就是人与人间的关系网。儒家相信人与人间的关系是种种"情分"，故伦理关系，即是情谊关系。这种种情谊叠加连锁起来，便构成一和谐的社会秩序。梁漱溟先生指出，儒家的社会理论之特色是：它不从社会本位或个人本位出发，而

8　Cheng Tien-His, *China Moulded by Confucius* (London: Stevens & Sons Ltd., 1947), p. 42. 又见前引冯著：《新世训》，121 页。

9　前引林语堂：《吾国与吾民》，72—88 页。

是从人与人之关系着眼，他说：

> 中国之伦理只看此一人与彼一人之互相关系……
> 不把重点固定放在任何一方，而从乎其关系，彼此交
> 换，其重点实在放在关系上了。伦理本位者，关系本
> 位也。[10]

梁先生这个看法是极有社会学的锐见的。事实上，他把握
到了一个剖解儒家社会理论的重要线索，即他把儒家的社
会理论放到社会（人际）关系的坚实层面上，并且提出了
交换（exchange）的观念。我们知道这直接触及了"社会
之所以成为可能"（how society is possible）的社会学上的
根本问题。[11]

儒家社会理论之重人际关系，重"交换"，可以《曲
礼》上"来而不往，非礼也"一语之通俗化来说明。儒家
重礼，孔子说"立于礼"，又说"不学礼，无以立"，礼实
在不外乎是一套古代社会习惯风俗所认可的行为的规矩。[12]
这些行为规矩之重点又不外是"处世接物"之道，或者说

10 梁漱溟：《中国文化要义》，香港：集成图书公司，1963，94 页。
11 这是德国社会学者齐美尔（Georg Simmel）所提出的一个敏锐的问题，亦是现
代西方社会学中的中心主题。齐美尔的交换观念显然影响到当代社会学中的交换论
(exchange theory)。见 Georg Simmel, *On Individuality and Social Forms*, ed. by Dr. N.
Levine (Chicago: University of Chicago Press, 1971), Chaps. 2&5。
12 参叶衡：《礼记选注》，台北：商务印书馆，1968，台一版，2 页。

是人际间的各种"交换"之道。这种交换之道主要是看是否合乎"人情"。[13]

在儒家哲学中，曾赋予人情及礼一个重要的基础，此即忠恕之道。曾子说："夫子之道，忠恕而已矣。""忠恕"是儒家社会关系中"交换"行为的指导原则。何谓忠恕？照朱子《集注》中的解释是"尽己之谓忠，推己之谓恕"。冯友兰认为"尽己"不足以为忠，"尽己为人"始为忠。他说："己之所欲，亦施于人，是忠。己所不欲，勿施于人，是恕。忠恕都是推己及人，不过忠是就推己及人的积极方面说，恕是就推己及人的消极方面说。"[14]有的学者则把"恕"包含了"忠"来解释，即把"己所不欲，勿施于人"视为恕的消极义、负面义，而把"己之所欲，施之于人"视为恕的积极义、正面义。合此正负两面或积极与消极二义为"恕道"。[15]

总之，忠恕之道，或简单说，恕道，都是就人与人的关系来说的，这是社会（人际）关系所以能维持发展的基本道理。德国社会学者韦伯（Weber）称"恕"是中国的社会伦理的基础。[16]而"恕"的真义不外"推己及人"，不

13　冯友兰说："在表面上，礼似乎是些武断底、虚伪底仪式，但若究其究竟，则他是根据于人情底。有些深通人情底人，根据于人情，定出些行为的规矩，使人照着这些规矩去行，免得遇事思索，这是礼的本义。"见前此《新世训》，44 页。

14　《新世训》，35 页。

15　黄建忠：《比较伦理学》，台北：正中书局，1962，101 页。

16　Max Weber, *The Religion of China* (N.Y.: Free Press paperback ed. 1968), p. 162.

外是己所不欲，勿施于人，己之所欲，亦施于人。这种欲与不欲，是平常人之欲与不欲，故朱子说行恕道是"不出乎常人一念之间"，[17] 亦即是合乎人情的。儒家经典《大学》中所标举的"絜矩之道"事实上就是由恕道推演出来的。《大学》说：

> 所恶于上，毋以使下，所恶于下，毋以事上。所恶于前，毋以先后，所恶于后，毋以从前。所恶于右，毋以交于左。所恶于左，毋以交于右。此之谓絜矩之道。

《中庸》说：

> 所求乎子以事父，未能也；所求乎臣以事君，未能也；所求乎弟以事兄，未能也；所求乎朋友先施之，未能也。

诚然，恕道（或忠恕之道）之基本假定必然是以人的欲恶是"大致相同"的。[18] 亦即是说，行忠恕之道，其行为的标准，"即在一个人的自己的心中，不必外求"。[19] 或可说，

---

17 有人问仁恕之别，朱子说："凡己之欲，即以及人，不待推以譬彼而后施之者，仁也。以己之欲，譬人于人，知其亦必欲此，而后施之者，恕也。其从容勉强，固有浅深之不同，然其实皆不出乎常人一念之间。"见引于冯友兰：《新世训》，36 页。
18 《新世训》，46 页。
19 同上书，40 页。

这是社会中每个成年人都可掌握的"社会知识",或都是依于人之常情的。在这里,我们可以说,儒家的社会理论是建立在日常生活的经验知识上的。[20] 由于恕道是不出乎人之常情的,是植根于生活上的,所以有极大的社会性,而人情则是一种恕道思想通俗化了的流行观念,对中国人的社会生活乃有极真切的约束力。

(二) "人情"与中国社会结构之特性

"来而不往非礼也"、"有来有往,亲眷不冷场"、"圆团来,塌饼去,人在人情在"。这些民间流行的说法,都在支持"礼尚往来"这一观念。儒家社会理论,如前所说,是以人与人间的关系为起点的。而要有关系,则必须有"交换行为"(exchange behavior),设无交换行为,则一切关系无从发生,一切人伦也无从建立。而一个"交换行为"可以说是所有社会所无可或免的社群现象,否则根本亦无社会之可能。[21] 但"交换行为"何由以发动?社会学者、人类学者,如马歇尔·莫斯(Marcel Mauss)等提出了"报"

---

20 社会学中,有一派即是把日常生活的理解作为社会学理论之根基的。参 Jack Douglas ed., *Understanding Everyday Life: Toward the Reconstruction of Sociological Knowledge* (London: Routledge & Kegan Paul, 1971)。

21 以交换行为为社会之中心现象并以此为建构社会学理论之基础者,学者甚伙,其最有代表性者,有 Sir James G. Frazer, Bronislaw Malinowski, Claude Levi-Strauss, George Homans, and Peter Blau, Peter Palmer Ekeh, *Social Exchange Theory* (London: Heinemann, 1974) 一书上对上述各家理论颇有评述。

（reciprocity）的观念。[22] 此一"报"的观念被认为是有普遍性的，是所有文化道德律中的主要因素。[23] 杨联陞先生曾指出"报"是中国社会关系的基础。[24] 实则，此"报"的观念已含在"恕"的观念中，亦可说已含在"人情"的观念中。

"来而不往，非礼也"，这个"交换"的观念之所以深入人心，是因为它不只是一套礼的仪式，实在是因为它是合乎人情之常的，[25] 亦可说是合乎"报"的观念的。实则，这不只是在中国如此，在世界其他文化亦然。西塞罗（Cicero）说："没有一种义务比回报他人之善更不可或缺的了。"又说："人皆不能信赖一忘人之恩者。"[26] 德国社会学者齐美尔（G. Simmel）强调"报"不止对初民社会，对一切社会都重要。他说"人与人之接触都倚赖施与和回报（等值）这个机构上的"；他认为无此一机构，社会之平衡

22　Marcel Mauss, *The Gift, Trans. Ian Cunnison* (Glencoe, Ill.: Free Press, 1954).

23　Alvin W. Gouldner, "The Norm of Reciprocity: A Preliminary Statement," in his *For Sociology* (Penguin, 1975), esp. p. 242.

24　Lien-sheng Yang, "The Concept of 'Pao' as a Basis for Social Relations in China," in John K. Fairbank, ed., *Chinese Thought and Institutions* (Chicago: University of Chicago Press, 1957), pp. 291-309.

25　对于"来而不往，非礼也"这个礼的观念，冯友兰的解释是："'来而不往，非礼也'，若专把来往当成一种礼看，则可令人感觉这是虚伪底空洞底仪式。但如我去看一个人，而此人不来看我，或我与他送礼，而他不与我送礼，或我请他吃饭，而他不请我吃饭，此人又不是我的师长，我的上司，在普通底情形中，我心中必感觉一种不快。因此我们可知，如我们以此待人，人必亦感不快。根据己所不欲，勿施于人的原则，我们不必'读礼'，而自然可知，'来而不往'是不对底。"见冯著：《新世训》，43 页。

26　前引 Alvin W. Gouldner, *For Sociology* 一书，226 页。

与团结将无法达致。[27] 莫斯（Mauss）指出在"社会交换"中有三重义务，即施（to give），受（to receive）与报（to repay）。他说每个交换行动不但使这个人与那个人结合起来，而且使社会的这个部分与那个部分结合起来。[28] 莫斯认为规范交换行为的道德是外在于个人的，亦即集体性的。当代法国人类学者列维-斯特劳斯（Lévi-Strauss）也强调"社会交换"是一种超越个人的过程，即在社会交换中虽或有"个人利益"的成分，但"个人利益"不能维系社会交换的过程。[29] 很明显的，莫斯与列维-斯特劳斯是属于涂尔干学派的，即是把"交换""报"的现象肯定在集体的、超个人的或社群的层次上，也即是否定"交换""报"的现象可以纯由"个人利益"这种功利主义或个人主义这心理层次来解释的。[30] 我们在这里不拟讨论西方"交换理论"的派别与其学理上的问题，但我同意莫斯与列维-斯特劳斯的观点，即个人之进行社会交换行动基本上是受社会之制度性的规范所制约的。儒家的忠恕之道与"报"的观念则正提供了个人交换行为的规范基础。

"人情"如前文所述，它是根源于儒家的忠恕之道的，

27　Georg Simmel, *The Sociology of Georg Simmel*, trans. &ed. by Kurt H. Wolf (Glencoe Ill.: Free Press, 1950), p. 387.

28　见前引 Peter Ekeh, *Social Exchange Theory*, p. 32。

29　同上。

30　从个人利益的基设出发，在心理层次上建立交换理论的是霍曼斯。见 George Homans, *Social Behavior: Its Elementary Forms* (Harcourt: Brace & World, 1961).

它正是一种通俗化了的、外在于个人而存在的规范。人情是人之常情。人情非等于人性，[31] 它不是抽象地存在的，而是与具体的特殊社会文化的制度挂钩的。因此，人情的内涵在中国的社会中，不能不受中国社会之文化制度的性格所影响。梁漱溟先生以中国为伦理本位底社会，"而伦理者无他义，就是要人认清楚人生相关系之理。"梁先生指出："一个人生在伦理社会中，其各种伦理关系便由四面八方包围了他，要他负起无尽底义务。"[32] "义务感"是儒家社会理论中极重要的，[33] 所谓忠恕之道、絜矩之道及"礼"的规定，即具有浓厚的义务感。人情则是人在日常生活中一种难以具体说明，却又很有约束力的义务。然则，人如何来尽其义务呢？简单地说，就是从乎人我、己群的关系而尽义务。中国是伦理本位的社会，而伦理本位社会照费孝通先生的看法则是一种有"差序格局"的社会结构。费孝通说："我们儒家最考究的是人伦。伦是什么呢？我的解释就是从自己推出去的和自己发生社会关系的那一群人里所发生的一轮轮波纹的差序。"[34]

31　人情不似人性，因为它不是普遍的，也非不可变的。在以伦理为本位的乡土社会，其人情特别浓，其特殊主义的倾向特别明显，就是因为中国重家族、重关系之差序。反之，在一现代的工业化都市化的社会，则不只是人情变淡了，而更根本的是人情的内涵变了。也即是说，过去传统社会中视为"不合人情"的，在现代社会中可能视为合乎人情了。这一点，冯友兰也曾触及，见其著《新事论》，台湾：商务印书馆，1967，台一版，162—163 页。

32　梁漱溟：《中国文化要义》，90，201 页。

33　参见钱穆：《中国文化史导论》，台北：正中书局，1951，16 页。

34　费孝通：《乡土中国》，26—27 页。

因此，依伦理而产生的义务和道德要求，事实上，是种种私人间的关系，而种种私人间的关系则是有亲疏、远近、上下之别的。在中国、最亲最基本的则是亲属、是家。从而，儒家的伦理性格，具有浓厚的家族主义的色彩。儒家最主要的：君臣、父子、夫妇、兄弟、朋友五伦，其中三伦即属于家族范围的。帕森斯（Talcott Parsons）指出，儒家伦理与西方基督教伦理之别在于后者是普遍主义者，即一个人的待人接物之道是不因私人或特殊关系而有差等次序的，而儒家伦理则相反。他说"整个在儒家伦理所接受和认可的中国的社会结构，主要地是特殊主义化的关系结构"，[35] 亦即是因人己关系之不同而有差等的。

在伦理社会的文化逻辑下，就要依乎特殊的关系结构而"做人"。那么，礼与人情也都自然而然地带上了"特殊主义"的色彩。而人与人之关系固以"家"为基本，但"家"在中国却是一极有伸缩性的单位。费孝通很生动地指出："'家里的'可以指自己的太太一个人，'家门'可以指伯叔侄子一大批，'自家人'可以包罗任何要拉入自己的圈子、表示亲热的人物。自家人的范围是因时因地可伸缩的，大到数不清，真是天下可成一家。"[36] 既然家之范围有如此伸缩性，那么人与人间之关系有无、厚薄、亲疏也都变得很有伸缩性。从而，拉交情、攀关系，便成为社会普遍的

35　Talcott Parsons, *The Structure of Social Action*, 1949, p. 551.

36　费孝通：《乡土中国》，24 页。

现象。人情在这样的情形下，也成为一极有伸缩性的东西，所谓"得势叠肩来，失势掉臂去"、"一朝马死黄金尽，亲者如同陌路人"在在说明人情之冷暖，世态之炎凉，此诚然是古今中外所同然的社会现象，但中国社会似特别明显。而中国人对此亦特别敏感。[37] 推源其故，则不能不说是与中国社会结构的基本特性有关。

（三）"人情"在人际关系中的作用与性格

人与人之间的关系在中国的社会系统中，大约可分两类：一类是有特殊关系的，一类是无特殊关系的。有特殊关系者即属于前文所说之某一特殊之"伦"者。凡属于特殊之"伦"的关系者，则意谓此人或其相与者皆占有特定的身份（status），此在儒家称"名分"或"理分"。[38] 当人占有名分时，则他有特殊之义务，或者说，他必须担负起特定的角色的责任（role requirement）。依儒家之社会理论，人人必须尽其名分或角色之责任。因此，在有特殊之"伦"的关系中，有较大的规范性，也即较没有个人自由意

37　一个值得深思的现象是，中国人一方面特重人情，但另一方面有关人情之凉薄、可怕的谚语特多，如："春冰薄，人情更薄"、"人情似水分高下，世事如云任卷舒"、"人情似纸张张薄，世事如棋局局新"、"入山不怕伤人虎，只怕人情二面刀"等等。

38　劳思光说："对每一地位而言，必有一相关的义务，而这个义务是必须完成的，这就是后世的'理分'观念。"劳著：《中国文化要义》，香港中文大学崇基学院，1972，18页。

志的弹性，也因此，"报"或"人情"的因素是较固定的，较无伸缩余地的。史搢臣《愿体集》中说："父慈、子孝、兄友、弟恭，纵到极尽处，只是合当如此，着不得一毫感激居功头。如施者视为德，受者视为恩，便是路人，便成市道矣。"

另一类人与人之间是无特殊关系者，即彼此不属某一特殊之"伦"者，亦即在这种关系中，人并没有特别的"名分"或角色之责任。儒家的社会理论对这类人际关系的内涵很少有特别的规定。可是，儒家却有很重要的原则性的规范，此即其忠恕之道，即社会上"报"以及"人情"的观念。

魏克兰（J. H. Weakland）说："除了家庭圈子里面以及至好的人，彼此互助而谈不上'交换'之外，中国人的生活中，其互助的系统是环绕着人情这个概念的。"[39] 这个说法是不错的，但在中国社会，事实上，除了"人情"与"报"之外，还有更高的道德观念，此即义。冯友兰解释义是"超道德底行为"，即有义行者，其行为所取之标准，比其社会的道德所规定者更高。他认为"施恩拒报"即是义，即是超道德的。[40] 不过，我们再深一层看，"施恩拒报"这种"义行"固然是令人崇敬的，是比一般的"报"所含的

39　J. H. Weakland, "The Organization of Action in Chinese Culture," *Psychiatry*(1950), 13: 361-370.

40　见前引冯友兰：《新事论》，77—78 页。

道德更超越的，但这却不能说是超道德的。事实上，这是中国社会或任何社会系统之安定所不能缺少的道德要素，单单靠"报"的道德原则是不够的。[41]同时，更应了解，中国的社会伦理是从义务作出发点的。"施恩拒报"实际上并非中国社会的"超道德"。刚刚相反，中国的社会伦理是十分强调"施恩拒报"的，在忠恕之道中，这是"施者"的义务。应该注意的是，中国的伦理还同时更强调"受恩者"的义务。"受恩者"之义务在中国是极肯定的，如朱子《治家格言》："施惠无念，受恩莫忘。"史揞臣《愿体集》："若望报而后施，是一味图利，而非仁人君子之心矣。不望报而施，圣贤之盛德，君子存之以济世。"又张杨园《训子语》："我有德于人，无大小不可不忘；人有德于我，虽小不可忘也。"我们可以说，中国的道德分为常人之道德与圣人之道德二种。儒家论人与人之关系时，对"施者"求以圣人之道德，而对"受者"则求之以常人之道德。在社会中，我们不能期望人人为圣贤者，盖人人未必肯"施恩不望报"，因此就对"施者"的要求言，则儒家之社会理论是很不实际、很脆弱的。但在社会交换行为中，有"施"者必有"受者"，而儒家对于"受者"则认为于受恩之余，必不能不报，而此则只是常人之道德。固如是，则儒家的社会理论是近情的、是有很大的实行的可能性的，因为在这

41　Alvin Gouldner 在 "The Importance of Something for Nothing" 一文中，对此有很精致深入的分析。见前引氏著 For Sociology, pp. 260-290。

样的情形下，人人皆可放心为"施者"，或在交换行为中作首先之发动者，[42] 而无须为圣贤而始可，因"施"之后人必"报"之。"施"之行为在"施者"主观意念中固不望报，但在社会客观上则可产生一"报"之回应。如是，则社会之交换行为得以发生，社会的关系就可以建立了。

不过，在一般性的人际关系中，诚如前述魏克兰所说，人与人之建立交换行为是通过"人情"的。在这里我们又需进一步分析，即人与人之交换行为可以区分为两种：一种是经济性的交换行为（economic exchange），一种是社会性的交换行为（social exchange）。[43] 在经济性的交换中，则所交换者通常以钱为媒介，基于交换之价值，是较确切的、较特定的、可以计算的，或易清算的，亦可说是以市场原则为指导的。[44] 在经济性交换中，人之情感因素被冻结。用社会学的术语是无人味的（impersonal），感情中性化的（affective-neutrality），也因此是很少，甚或不讲"人

42　Gouldner 指出人与人之交换关系如何发动是一重要的问题，他认为"报"的规范就是一个促动交换关系的"发动机构"(starting mechanism)。见前引氏著 *For Sociology*, p. 251。我们可说"人情"与"义"的规范都是社会关系中的"发动机构"。

43　第一个作此一区分的是马林诺夫斯基，见 B. Malinowski, *Argonauts of the Western Pacific* (London: Routledge & Kegan Paul, 1922)。而当代学者中有代表性者为布劳。见 Peter Blau, *Exchange and Power in Social Life* (N.Y.: John Wiley & Sons, 1964)。

44　市场是人类历史演变而来的一个理性化的制度。它有其本身的运作逻辑，是一"无情的机构"(impersonal mechanism)，它在处理安排人的交换行为上较之许多制度机构为有效。一个越来越理性化和现代化的社会，其交换行为越受市场逻辑的支配。

情"的。

反之，在社会性的交换中，则人情极重要，甚至占了中心的位置。在这类社会交换中，人情可以说是媒介，也可说社会性交换是靠人情来维持的。我们常听人说"卖个人情"、"送个人情"或"讨个人情"、"求个人情"，这都表示人情的"交换"性格。不宁唯是，我们更听人讲："我欠他一个人情"、"他欠我一个人情"，这就明明指出人情的交换上有亏盈的情形。这就不啻显示社会性的交换与经济性的交换都有一份平衡表。在经济交换行为中，这是一份钱财的平衡表，亏与盈是记得很清楚的；在社会交换中，这便是一份人情的平衡表。人情的平衡表比较不是那么一清二楚，比较不是那么容易计算。但这并非说不能不做出一人情的亏盈的估算，譬如社会上时时可听到"人情债"的说法，这就是说在人情上有了亏累，在人与人的交往中，成了一"负债者"。

在中国的社会关系（交换）中，人都不愿成为一人情的负债者，俗云："人情紧过债"、"赖债不如赖人情、赖了人情难做人"。这是说，欠别人"人情"比欠别人钱财心理精神上的负担还要来得重，何以故呢？因为钱债易于计算，易于清偿，人情债则难计算、难清偿，此所谓"钱债好还，人情债难还"。所以，"不可欠人人情"几乎是中国最重要的社会格言或教训。我们可以举几个例子以证之。张杨园《训子语》："德不可轻受于人。"《袁氏世范》曰：

居乡及在旅，不敢轻受人之恩，方吾未达时，受人之恩，每见其人，常怀敬畏，而其人亦以有恩在我，常有德色。及吾荣达之后，遍报，则有所不及。不报，则为亏义。前辈见人仕宦，而广求知己，戒之曰："受恩多则难以立朝。"宜详味此。

曾国藩在致诸弟家书中亦说道：

……将来万一作外官、或督抚、或学政，从前施情于我者，或数百、或数千，皆钓饵耳。渠若到任上来，不应则失之刻薄，应之则施一报十，尚不足满其欲。故兄自庚子到京以来，于今八年，不肯轻受人惠，情愿人占我的便益，断不肯我占人的便益……此次澄弟所受各家之情，成事不说，以后凡事不可占人半点便益，不可轻取人财，切记！切记！

以上所说不轻受人德、不轻受人恩、不轻受人惠，都是在说不可欠别人人情。因为欠了人情，则在社会关系上失去平衡、失去自己在人际来往上的独立性。俗语所谓"拿了人家的手软，吃了人家的嘴短"，就是这个意思。既然人情债如此难于承负，那么应该怎么处理呢？一个看法就是不接受人之情，如《后汉书》所记一位穷书生婉拒别人之邀宴，因为他知道他无法回报别人之情。[45]但是，这条路可行而未必可行，因为别人请宴，就是人情，拒绝邀宴，也不啻是有亏人情了。同时，即使拒绝别人之情，虽然可以"不欠人情"，但是他与人之来往却终止了，他与人之社会关系却有了瑕疵，这就不免有自我孤立或被孤立的社会结果。因此，为了不负欠别人的人情，最有效的方法是回报别人以更多的人情，如俗语所云："吃人一口，报人一斗"、"你敬我一尺，我敬你一丈"，这样就在人情的平衡表上不但赤字消失，而且使别人反欠了自己一笔人情；亦即由人情上的"债务人"转为"债权人"了。在社会性的交换中，人类学者指出，双方的平衡表如果完全平衡的话，那么，彼此的社会关系也就要终止了。[46]因此，在社会交换中，虽然在道理上应该有同等值的交换，但却不希望在短期内清算而终止关系，而事实上，人情是难以清算的。一位学者指出："人情不只是西方人所谓的感激（gratitude）。对一西方人来说，感激意指一个有待偿付的债，一旦债付了，则他的良心安而满足。可是，一旦人情示之于人，则

45　见前引 Lien-sheng Yang 文，292 页。

46　G. M. Foster, "The Dyadic Contract: A Model for the Social Structure of a Mexican Peasant Village," in J. M. Potter, M. Diaz & G. M. Foster, eds., *Peasant Society* (Boston: Little Brown & Co., 1967), pp. 217—219. 费孝通也指出："亲密社群的团结性就倚赖于各分子间都相互地拖欠着未了的人情……亲密社群中既无法不互欠人情，也最怕算账。'算账''清算'等于绝交之谓，因为如果相互不欠人情，也就无须往来了。"见前引费著，80 页。

即使最初之债已经偿付，其情谊之结永续不断。"[47] 所以，人情对于中国人来说是有难以摆脱的约束力的。它不只规范了社会性的人际关系，同时使中国的社会系统出现强韧的凝聚力。

（四）"人情"的紧张性及其解消机构

如前文所述，中国人重关系，而中国的社会系统又偏于"特殊主义"倾向的社会关系，这种关系最有代表性的则是亲属关系。人在一亲属关系中，就有互通有无、互济缓急的"义务"。这种义务关系是儒家社会理论所肯定的。儒家的社会理论强调和谐整合的价值，[48] 整个社会依赖一套人伦关系互相适应、调和，以达到和谐平衡的境地。[49] 在这样的社会系统中，人情成为维系人际关系的支柱，而纯

47　Hsien Chin Hu, "Emotion, Real & Assumed, in Chinese Society," unpublished manuscript on file with Columbia University Research in Contemporary Culture, 1949, document No. CH 668.

48　钱穆以中国文化之特质是"调和协合"，参前引钱著《民族与文化》，页23—33。唐君毅以中国文化精神重"融合贯通于一统"，见唐著《中国文化之精神价值》，台北：正中书局，1953，15 页。又如 Derk Bodde 以中国重协作之和谐，见氏文 "Harmony and Conflict in Chinese Philosophy," in A. F. Wright, ed., *Studies in Chinese Thought* (Chicago: University of Chicago Press, 1953), pp. 19-86。

49　Robert Bellah 在比较日本与中国的社会时指出，中国传统社会之中心价值是"整合"，讲求适应与调合，见氏著 *Tokugawa Religion: The Values of Pre-Industrial Japan* (Boston: Beacon Press, 1957), pp. 188-189。

粹的经济性交换关系则不易有，甚或无法存在的，[50]因为纯粹的经济性交换必须减少，甚至清除所有人情的因素。可是，在中国社会，人与人的关系千丝万缕，不要说是真正的亲属、同乡，就是朋友，或朋友的朋友，只要攀上关系，[51]就成为"准亲属"的关系，一切称呼都换成亲属性的称呼，真正变成"自家人"，真正变成"四海之内皆兄弟"了，而人际关系亦皆成为初级团体（primary group）之特殊主义化的关系。这在以差序格局为主调之伦理关系的文化逻辑下，社会道德是支持特殊主义化的关系的，亦即是支持"人情"的。事实上，人情根本就是一种得到文化价值所支持的社会规范。说得清楚点，人情像一种社会"舆论"，使一个人对"自家人"都要予以帮助，对于越是亲密或关系越特殊的"自家人"，则越有帮助的义务。由于文化逻辑的性格如此，因而，对亲戚朋友的帮助成为人情上"应然"之事，这未尝不是中国社会常有因"私"徇"公"，多"人情味"而少"公德心"的原因，因为不帮助亲友是一种"无人情"的表现，而"无人情"则不啻是罔顾社会舆论或社会规范的。[52]在传统中国，一般言之，文官系统

50　参 Donald R. DeGlopper, "Doing Business in Lukang," in W. E. Willmott, ed. *Economic Organizations in Chinese Society* (Stanford University Press, 1972), pp. 297-326。

51　中国人与一不相识或无关系的人拉交情，攀关系，通常都通过一"中间人"。见前引 J. H. Weakland 文。

52　Marion J. Levy, Jr., *The Family Revolution in Modern China* (N.Y.: Athenem, 1968), p. 355.

或科层组织（bureaucracy）是依理性绩效原则而建构的，而它的道德规范则是就"次级团体"（secondary group）之普遍主义化的关系而设的，即"公事公办"、"一视同仁"、"不讲情面"、"王子犯法与庶民同罪"。可是，一个官员作为科层组织的一员，所受制约的除了这一套道德规范（王法）外，作为一"社会人"，他还受到以"初级团体"之特殊主义化的道德规范（人情）的约束，而就整个社会言，后面这套道德规范毋宁是更基本、更有约束力的。因此，一个官员在面临二重不同的规范，即王法与人情的压力时，便产生"角色上的紧张"或"角色上的冲突"。要消解这种紧张与冲突是不易的，[53] 在许多情形下，常常是舍王法而就人情。其实，这不是道德与不道德的问题，因为真正地讲，人情才是整个社会所接受的基本的道德规范。

现在，我们要讨论一个很根本并且越来越无可避免的文化和社会伦理的问题。我们上面已提到，人与人间的交换关系有两种，即社会性与经济性的交换行为。在传统社会，人际的关系是以社会性的交换关系为主的，但此并不表示没有经济性的交换关系。事实上，任何一个经济发

---

53 这种角色上的冲突，最有经典性的是《孟子》上的一段话。有人问孟子："舜有天下，皋陶为士，瞽瞍杀人，则若之何？"孟子说："窃负而逃，遵海滨而处，终身欣然，乐而忘天下。""角色之冲突"在中国的官府中尤为普遍，一个官员往往在"职守"与"人情"两种不同的压力下进退为难。见 C. K. Yang, "Some Characteristics of Chinese Bureaucratic Behavior," in D. S. Nivison & A. F. Wright, eds., *Confucianism in Action* (Stanford University Press, 1959), pp. 134-164。

达的社会，经济性的交换关系是必要的，亦即人与人间的往来关系，不能单靠人情的媒介来维持，它必须依靠可以计算的媒介来衡量，因为单靠人情来维持人际关系，不但限制了一个人往来活动的范围，并且使一个人减少了很大的主动性与自主性，而最困难的是使理性的普遍主义的交换原则无法展开。这最明显的是"钱上往来"的情形。如果人情太过有力量，则经济的市场原则会受到干扰。俗语说："世间若要人情好，赊去货物不要讨。"此即是因人情而必须停止经济的交换行为。因此，在中国社会，一方面我们听到对"人情"的赞美；但另一方面，我们也发现有种种逃避人情的设计，以保护理性的普遍主义之原则。一般所谓"人情吃不消"、"人情浓得化不开"，显系表示人情压力。而"君子之交淡如水"，恐怕正在减轻人际间的社会关系的浓度，以求取得一不为人情压垮的自主地位，从而凸显"理"的精神。在传统社会，有两种很突出的逃避人情的牵缠，以维护理性原则的情形：一是地方上父母官不由当地人士担任，此一规定是逃避亲友邻居对官员所做的特殊化的要求，以求不会伤害到做官的一视同仁的理性原则；一是商人倾向于离乡别井到外地经商，此一措施也正是逃避亲友邻居对商人所做的特殊化的需求，以求不会伤害到经商的市场取向的理性原则。[54] 这种逃避人情的设计，

54　见 W. Skinner, "Chinese Peasants and the Closed Community: An Open and Shut Case," *in Comparative Studies in Society and History*, Vol. 13, No. 13, July 1971, p. 277。

即使今日台湾亦复多见，如鹿港的商人，大都避免"合伙"的组织形态，因合伙涉及人情，彼此的权义就不易清算的缘故。再如"做会"，这是筹钱和应急的有效方法，人们为了避免掉进人情的关系网里，特别使参加做会的人除了组会的人外，都不知还有哪些人，这个设计是在使参加做会的人变成一律平等，不因彼此有什么特殊的社会关系而有异，从而得以增加经济的理性。[55] 我们如细细地观察，则可发现中国文化虽然给予社会性交换（靠人情来维持）以有力的支持，但由于经济性交换为社会所不可缺少，因此，中国文化中也有许多"补偿性"或"抗制性"的文化机构，把人情冷冻或中化，以凸显交换行为中的经济的理性，从而增加整个社会系统的安定与发展的力量。费孝通所提到的乡土社会中的"街集"是一例子，他说：

> 在我们乡土社会中，有专门作贸易活动的街集。街集时常不在村子里，而在一片空场上，各地的人到这特定的地方，各以"无情"的身份出现。在这里，大家把原来的关系暂时搁开，一切交易都得当场算清。我常看见隔壁邻舍大家老远地走上十多里在街集上交换清楚之后，又老远地背回来。他们何必到街集上去跑这一趟呢，在门前不是就可以交换的么？这一趟是

55　见前引 De Glopper, "Doing Business in Lukang"。

有作用的，因为在门前是邻舍，到了街集上才是"陌生"人。当场算清是陌生人间的行为，不能牵涉其他社会关系的。[56]

实则，中国文化中搁开或冷冻人际关系或人情的设计，甚至还不必到"街集"上去，而就在家中，就在身边，因为中国文化已经在社会性交换中划出了一个特殊的范围给经济性的交换，亦即在重视人情的文化"原则"上开出了冷冻、停止人情的"例外"条款。俗云："财上分明大丈夫"（《增广昔时贤文》），这便是肯定了经济交换的正当性。"亲兄弟，明算账"、"好兄弟，勤算账"则更是把经济的理性原则直接带到五伦的关系中去，这不是破坏了五伦的关系，实则正在使伦常关系不因钱财之含糊不清而受到伤害。史搢臣《愿体集》中说："交财一事最难，虽至亲好友，亦须明白，宁可后来相让，不可起初含糊。俗语云'先明后不争'，至言也。"正说明了这个道理。我在香港一个研究中发现，[57]在许多国人所开的小型工厂中，老板、工人都强调一句话，即"数还数，路还路"（意即钱归钱，关系归关系）。这也不外是把人情在金钱往来中搁置，也即是把经济性交换与社会性交换截然分开来。上面许多现象都在说明

---

56 见前引费著，82页。

57 Ambrose Y. C. King & Davy Leung, *The Chinese Touch in Small Industrial Organizations*, Social Research Centre, The Chinese University of Hong Kong, 1973.

人情作为人际关系的媒介的不足，并会造成种种紧张，而中国文化中则有各种的消解紧张的机构。我们知道在人的社会关系中，经济性的交换是必要的，而且更相信，在社会生活越来越复杂，流动量越来越大时，经济性交换的比重将日益增加，以致慢慢会取代社会性交换的地位。换言之，人情在人际间的作用虽不致完全消失，但却无可避免地会随工业化都市化的发展，而逐渐减弱其功能。[58]

（五）从"人情处理"之自由度看个人与社会之关系

前文指出，人情是外在于个人而存在的，因此，生活在中国社会的人都会感到身不由己的受"人情"的约束。人情是一"制度化了的规范"，也即一个人在与他人往来时，他会自觉与不自觉地遵从人情的规范而行事。他之所以会如此，乃是因他受了中国文化的"教化"（socialization）所致，因而担负起伦常关系中的理分，或扮演起社会所派给的角色。不容疑问的，中国社会之所以能长久安定，或形成其特殊性格，不能说非由于儒家一套的伦理为本位的社会规范。这套规范可以说是广泛而深入

---

[58] 在社会文化的变迁上，我基本上同意韦伯(Weber)的看法，人的价值取向将越来越趋向理性化(rationalization)，而社会之基本组织原则则将越来越趋向科层制度化(bureaucratization)。果如是，则不但"人情"的重要性将越来越在人际关系上减低，甚至人情的内涵亦将改变。参注31。

地为社会大众所共同认可与遵行的。而儒家社会规范中被通俗化了，且极有力的则是人情的观念。但是，从理论与经验上说，中国并非一完全儒家化的社会，而生活在中国社会的人亦并非一完全内化了儒家价值规范的人。我们可以肯定人情这个东西普遍地存在于中国社会，但我们不能说每个中国人都同样程度地理解、拥抱或遵行人情的规范。"过分儒家化"（over-Confucianized view）的中国观无助于我们对中国真切的了解。[59] 在人情的分析上，我们也不能假定或认定每个中国人都十足十地遵照人情的规范做人或行事。事实上，人情是一相当复杂而有伸缩性的概念；同时，它也没有并无法规定所有社会情境中人与人间"应该如何"的具体细则。从而，个人纵然是一"社会人"，但却不可能是儒家伦理的完全的"社化者"（a socialized Confucian）。个人并非机械式地只会做一个"角色的演出者"（role-playing creature）。事实上，个人对于儒家伦理有相当的诠释与处理的自由度，这在对人情的"处理"（management）上正复如此。本文开始时，我们就指出有的人"不通人情"，这不外是指他无足够处理（under-management）人情

59　一般研究中国文化者所犯的"过分儒家化"的观点的错误是把文化上"应然"的理想看作了"实然"的现象。而在社会学中，多数社会学理论也都犯了一种错误，即把社会看作了一价值整合极高的社会系统，而把人则都看作了"角色的扮演者"，完全成为社会规范模造的"文化木偶"。对这种理论取向的批评，可见 Denis H. Wrong, "The Over-socialized Conception of Man in Modern Sociology," *American Sociological Review*, 26, 1961, pp. 183-193。

的能力，而一个"世故太深"的人，则可说是他处理人情有些过分（over-management）。"不通人情"与"世故太深"都是指在对人情的处理上失之不足或太过，只有"人情通达"的人才是精通人情的处理。这三种情形有力地说明个人与社会规范之间非一对一的关系，亦即个人并不纯是社会规范模造出来的、没有反省力的木偶。刚刚相反，个人一方面不可能不受社会规范的影响；另一方面，个人亦对社会规范有一定程度的距离，一定程度之回应的自由。在人情的处理上，个人面临的社会情景常常没有一个固定的回应公式；反之，他常常有自由选择不同的策略。我们不妨假设一种情景，当一个人收到别人的"礼"的时候，这位"受者"应该怎样回报这份人情呢？理论上或经验上，他至少可以采取下面任何一种策略：

（1）拒绝收礼。此表示他（受者）不愿成为人情的"负债者"，或他根本不愿与"施者"建立社会的交换关系。我们常听人说"我跟他（施者）没有交情"或"无功不受禄"，这都在说明受者与施者过去在人情上无亏盈的关系，而现在亦不想有人情上亏盈的关系。诚然，这个策略可以使"受者"保有自主性的自由，但却亦有社会的代价，即他之"不领人情"是会引致"施者"甚或社会的不谅解，乃至被孤立。

（2）"即刻"以"同等价值"的礼送回。这看来是标准的"礼尚往来"。实际上，这个社会的交换关系已达到彼此

"互不欠情"的境地，亦即人情已经"即刻地"并且"等值地"作了"清算"，彼此可以继续往来，也可以不再往来。此一策略在一个安定少变的乡土社会中，往往是社会所不能接受的，但在一流动度大、变迁性高的城市社会中，则越来越被接受了。因不即刻以同等值之礼送回，"受者"将成为一"负债者"，而且可能很少有机会再回报别人之情。此种策略，不啻把"社会性的交换"以"经济性的交换"来取代。

（3）等一适当的时机送回。这个策略是有意地希望与"施者"维持一长期性的社会关系。今日我嫁女你送礼，明日你娶媳我送礼。在这个策略下，送回之礼可比施者较少或更多；较少，则使自己处于一"负欠"的地位，此可使彼此继续有关系；更多，则使自己由"负债者"转为"债权人"。在这二种情形下，人情是互相有拖欠的，只是负欠的地位不同罢了，而双方的社会关系则是继续存在甚或加强的。

（4）收礼，但不送回。这个策略的采用，也许是无可如何的，即受者无力回报，但又不便拒绝收礼。在这种情形下，受者便成为"人情债"的负欠者。如果施者继续送，则社会关系一面倒，受者终要为人情压垮，而在施者前矮了一截，形成了"不平等"的关系。但有时这个策略之采用，可能是受者"非不能也，是不为也"。他之"客气当福气"正想借这种"无礼"或"无情"来终止进一步的社会的交换关系。

上面我所提到的几种人情处理上的策略，并非穷尽了所有的可能情境，我之目的是在说明人情的处理不但需要极大的"社会技术"（social skill），更在指出个人在社会关系中，他并非由社会文化机械性地规约的；反之，个人是有相当的自由度与自主性的。也即是说，个人对人与人间宜乎建立怎样的关系，他是可以并且应该负责的。从这个角度去考察，社会不但模造了个人，个人也在不断地模造社会。

（原载台北"中央研究院"《国际汉学会议论文集》）

附录三　中国文化中之媒介人物

杨联陞

　　本文系台湾地区"联合国中国同志会"于 1957 年7 月 24 日举行之第 170 次座谈会纪要，原载《大陆杂志》第 15 卷第 4 期。《中国文化中之媒介人物》为杨联陞先生之约定讲话，内容所涉与本书所论颇有共通之处，故亦可视为本书内容之扩充。座谈会除约定讲话外，尚有自由讲话，由数位学者分别发言，亦各有见地，兹征得杨先生同意，一并刊出。

开会讲话　李济之先生

　　今天是台湾地区"联合国中国同志会"第 170 次座谈会。过去，本会座谈会请过中国学者讲西洋文化，请过西洋学者讲中国文化；也请过西洋学者讲西洋文化，中国学者讲中国文化。今天的主讲人，是一位讲中国文化的中国学者！但他的听众，向来是西洋人多，他的讲法也许与众不同。

四十年前，美国人对于中国的认识尚不清楚；他们以为一般的中国人都是洗衣工人，假如有衣服穿得整齐的中国人在美国出现，这些人总被认为是日本人。近来的情形有点不同了，普通的美国人渐渐地知道中国是有文化的，并且是有高级文化的；也渐渐地承认，中国文化且对世界文化颇多贡献。美国人观念的改变，可以说大半是由于中国学者的努力。他们在美国为祖国宣扬文化，有如外国传教士在中国传教。三十多年前，我在哈佛大学作学生，就有些美国朋友问我；他们问："欧美许多的人跑到中国传基督教天主教，为什么你们没有人到我们这儿传孔教？"当时我竟无以答复。近年来，我们有了这种人了，不过他们做的工作并不是狭义地宣传一种教条，而是更进一步地宣传文化。因为这些人肯下苦功，使美国人了解了中国的历史，中国立国的要点。杨联陞先生就是在美国作这一工作的学者之一。

杨先生现在哈佛大学教书。哈佛大学是美国有历史有名气的大学，三十年前就建立了研究中国文化中心，是现在美国研究汉学的领导机关。青年朋友们去美国深造，如欲研究人文科学，大半选择哈佛大学。杨先生在哈佛大学为中国文化布道，凡是研究与中国文化有关问题的人，没有不认识杨先生的。杨先生于民国二十六年（1937）毕业于清华大学，二十九年（1940）赴美入哈佛大学，毕业后即在哈大任助教，现为哈大副教授。杨先生是专研究中国经济学的，但其他方面的学问也很广博。今天杨先生主讲的题目是"中国文化中之媒介人物"。

约定讲话　杨联陞先生

中国文化中之媒介人物

主席，诸位先生：

今天承"联合国中国同志会"邀我到这里来演讲，非常荣幸。这么热的天气，蒙诸位赏光来听讲，更是令我非常之惶恐不安。

我挑选今天这个题目，有两个理由。第一，这个题目似学术非学术。讲的人容易胡扯，听的人也许不至于昏昏欲睡。第二，说正经话，我今天实在是想"抛砖引玉"。因为我知道联合国同志会每次演讲之后，都有讨论；讨论的诸位先生，往往能提出很可贵的意见。关于媒介人物这个问题，在我脑子里来回来去，已经有差不多两年了。不过我觉得我的思想还不够成熟，考据还不够精密，所以一直没有发表文章。今天把我这一点不成熟不精密的意见提出来，实在是要向诸位请教。无论是分析方面或考证方面，都希望诸位先生能赐予修正补充。

我这次回来，经过日本演讲过几次。有一次有人问我："先生的贵专门究竟是哪一科？"我说："九流十家之中，如果有我一家，就是杂家。也可以说是开杂货铺的。"这次回来，是为这个杂货铺来办货，换句话说，就是来向诸位先生请教。不过，货虽然杂，多少也有一个重点。我个人的研究重点所在，还是历史，尤其是秦汉到唐宋这一段。我在哈佛大学开的中国通史是由商周讲到十八世纪末叶。所以我今天谈的中国文化，主要的还是传统的中国文化。至于近一百五十年来这一段历史上的变化，以及中国文化与其他文化（例如近代西洋文化）里的媒介人物之比较，这些有趣味的问题，只能略略涉及。不过倒也希望在讨论的时候，诸位先生也能就这些方面，给我些个启发。

"媒介人物"这个名词，以前也许有人用过。不过，我还没有见到什么专题研究。我的意思，是用这个名词的广义，可以包括好几种人物，例如经济上的媒介人物，有商人、企业家、掮客、纤手（例如"拉房纤的"）、买办，以及佣工介绍者（例如"开老妈儿店的"）等等；社会方面的媒介人物，有媒人，合二姓之好，有门房，就是传达处的听差等等；法律方面的律师；外交方面有各种使节。还有宗教方面的媒介如传教士、牧师、祭司、巫师等等；文化方面的媒介人物如教师、翻译同传译（通事，也属于外交方面）之类。

上面举的这些例子，不但都起媒介作用，而且多数以媒介为职业（乃至主要职业）。有的做人与人间的媒介，有的做人与神（广义的，指一切超自然的神灵等）间的媒介，有的做人与物间的媒介。其以媒介为职业者（至少是以为主要职业者）可以称为职业性的媒介人物，用英文可以叫作 professional intermediate agents。

在不同的文化与不同的社会之中，在不同的时间，各种媒介人物的活动，有多有少，有盛有衰。社会上对他们的看法，他们对自己的看法，也可以有同有异。我以为，用"媒介人物"这个概念来分析文化与社会的性质，大概可以看出些道理来。比方说，上边说的人与神的关系，人与物的关系，人与人的关系，可算是一种三度关系，也可以算是天地人三才做成一个三度立体模型。如果很粗浅地把传统中国文化与传统印度文化与近代西洋文化比较一下，那么，大概可以看出来：在中国，人与人之关系这一度比较长；在印度，人与神的关系这一度特别重要；而在西洋则比较注重人与物的关系。这好像是老生常谈。不过老话新说，有时候也可以看出些道理来。在这个题目之下，可注意的是：研究各种媒介人物的活动情形，可以因而看出文化的性质与社会的动态。我对印度文化与西洋文化所知甚少，不能作深入的比较。今天只想就中国传统文化里的媒介分子，提出几点来讨论讨论。

刚才说的天地人三度关系，有时候好像还可以作更细的分析。比方说，我们也许可以加上时间这一度讨论古与今的关系，又可以讨论文化与文化间的关系。这样看起来，好像可以谈五度关系了。不过，所谓古与今的关系，可以说只是古人与今人的关系，而文化与文化间的关系，也只是这一文化里的人与那一文化里的人的关系，还可以算是人与人的关系的细分，仍旧可以收入三度关系之内。

但是这里有一点可以注意，就是今人与古人的关系，同人与神的关系，颇有相似之处。因为"天不言"（神不言），古人也不言（鬼也不言），这里面媒介人物的作用，除了传达之外，还有解释。因此媒介人物的地位就容易重要起来。而且人死为鬼，或为神，也可以说是变成了超自然界里的人物（鬼物），所以今人与古人的关系，或者应该作为人与神的关系看待，也未可知。如此，则中国人重祖先崇拜，而比较缺乏其他的宗教信仰，也无妨说是两种崇拜信仰，有一种代替作用。

从这一点看起来，中国文化里缺少祭司、巫师、牧师、传教士这一类的媒介人物，也许就不难解释了。中国在殷商时代，宗教信仰比较重。不过，在那时候，好像就以祖先崇拜为重。我们发掘所得的大建筑，好像只有殷王与贵族的陵墓，有些宫室遗迹，也似乎只是殷王或贵族所居，没有供奉天神的殿堂。甲骨文中有"帝"，不过这个帝很可能本来是始祖或感生帝，后来才增加其天神性。殷人好占卜，有贞人之类，专司其事。不过这种人在政治上影响如何，我们还不得而知。传说巫有为相者（如巫咸），但为数不多。而且就甲骨文看起来，往往有"王固曰"之文，那么，王自己也能占，不必单靠贞卜专家。

要照《尚书·洪范》篇看起来："汝则有大疑：谋及乃心，谋及卿士，谋及庶人，谋及卜筮。"如果这可以代表商或周时的看法，那么帝王之心，卿士、庶人，与卜筮，这五者之中，占卜只占五分之二，还是少数。而且要照《左传》里说的"卜以决疑，不疑何卜"。看起来，则"汝则有大疑"的"大疑"二字要加圈儿，若只是小疑，也许谋及乃心，谋及卿士谋及庶人就已经解决了。

巫师之类，影响虽不甚大，却也历代都有。道教的道士可以替人上章求福免祸。特别是所谓萨满教，在我们的东北地方，影响相当大。不过，一般的说起来，巫师降神者的地位很低。人们有了病，请一位跳神的来，吃些香灰，也不过是将信将疑。很多是在没有医生的地方，要不然就是群医束手之时，来这么一下，勉尽人事而已。

中国的祖先崇拜是直接的，大抵不必经过媒介分子（大宗小宗与祭祀的关系姑且不论），后来佛教输入，虽然有僧徒，为三宝之一，佛经由他们诵读讲解，法事要他们主持，却也不妨害一般俗人直接拜佛、礼佛、自己诵经、自己忏悔。比起基督教伊斯兰教来，人与神间的关系，还是比较直接。

跟这种人神间的媒介有密切关系的，是我所谓古人与今人间之文化媒介，也就是教书匠这一行。这一行的祖师孔夫子，早就说自己是"述而不作，信而好古"。述古就是为古人作媒介，讲的是"先王之道"、"行夏之时，服周之冕"。后来荀子虽说"法后王"，不过所谓后王，仍旧是时代较近之先王。若以当世之王为法，那是就人民立说，是法家言，与儒家之就君主立说，颇不相同。

中国的儒家，最讲究礼，尤其是祭祀之礼。后来又有"惟通天地人为真儒"之说，所以儒者往往兼习医卜星相之类。这样说起来，儒家不但提倡祖先崇拜，而且在其他方面，也有兼作人神间的媒介的企图。特别像"扶乩"这种玩意儿，是读书人很喜欢的。所以儒者士人在中国文化里居重要地位，其中很大的一个原因，应该是他们的媒介作用。

中国人尊敬"天地君亲师"。"师者，所以传道授业解惑也。"（韩愈：《师说》）高明的老师，因人施教，学者自然得益。不高明的老师，把"郁郁乎文哉"念成"都都平丈我"的事情自然也有；有的老师，像猫教老虎，留一手上树的看家本领，也许是要防逢蒙杀羿的可能。还有淘气的老师，看人读"大行（泰杭）山"为"大行（本音）山"，不去改正，说"让他糊涂一辈子"。老师有形形色色，不过就中国社会一般言之，师道之尊严，是远过于其他社会的。这是我国文化的一大特色，是值得大书特书的。

其次讨论商人与牙行捐客等经济媒介。这两种媒介人物，有一点不同，就是商人又买又卖，自己作当事人，可以说是自媒；牙行捐客则一般只负介绍或保证之责，自己不交易。用一个化学名词，就是 Catalytic（催化剂），这与媒人更相似，媒人不介绍自己结婚，温太真玉镜台一类的事情，是不很常见的。

牙行的社会地位，大抵甚低。由俗语"车船店脚牙，无罪就该杀"已经可以看出来。在历史上，除掉极少数的例外（如《史记》的大驵；安禄山为互市牙郎）之外，影响也不算大。而且往往要受官府的严密管制。

商人的地位，一般说起来，也是很低，有许多法令限制他们的活动（例如科举制度上的限制，有时不许考，有时要报明三代，否则仍旧不许考）。不过社会上对于商人"通有无"这种贡献，大体也还承认，唐朝有人说"万商废业，则民不聊生"。多数人反对的，还是大贾豪商的兼并囤积。太史公说："无财作力，少有斗智，既饶争时。"乘时射利有贪天之功以为己力之嫌，所以有很多人不以为然。轻商这件事，整个的是非也许还不易断定，不过从社会经济史上看，轻商于经济发展有妨害，则是比较显然的。

中国历史上，政府对于重要的企业有很多采取官营的办法，如盐铁的禁榷，平准均输常平仓等，都是政府经营商人的业务。国际贸易，也有市舶司等的统制。理由表面防止兼并，实则往往也为了取利。高级官吏，向例禁止经商，不得与下民争利。不过大官派仆人私自出营贸易的事，可以说是历朝皆有。

唐朝以内监管理市舶，明末万历时候的矿使、税使，也都是太监。换句话说，就是皇帝自己的听差。自己不去做而叫听差去做，基本上也还是看不起这种职业。即以政府官吏而论，在南北朝唐宋时候，官有"清"与"浊"之别，例如教育官清，财务官则往往谓之浊，也是比较轻视的表示。

至于商人在各时代的地位，又有相对的高低。就我的初步研究看来，战国至秦汉初、宋代、明中叶以降、清中叶以降，这四个时期，商人地位，稍有增进。社会上（特别是士大夫）对他们的看法，多少有些改观。这也是因为这几个时期，中国经济发展的速度较高。经济思想与经济状况是可以互相反映的。

商人的地位，有时候并且影响到商人的自尊心。姑举一例：在十九世纪中西接触频繁，沿海沿江的地方，经济发展比较快。即以当业而论，也颇有发展。哈佛燕京学社的汉和图书馆藏有一本小书（抄本）叫《当业须知》，是为当业的学徒说法的。书成于十九世纪后半。这书里有几句很可注意的话是"三年出一状元，三年未必出一经纪，即以状元视之可也"。这里用的虽是传统的科举制度里的字样，但经纪而敢与状元相比，可见商人已有相当的自信了。

谈到人与人间的媒介，在中国社会里媒人很重要。这与中国重视男女之别大有关系。照古礼，"男女授受不亲"，甚而至于"妇人送迎不出门，见兄弟不逾阈"，甚而至于一家之中"嫂叔不通问"，虽在后世，公公也不与儿媳谈话，有事要经过婆婆。不过，这个男女有别之礼，倒是"礼不下庶人"，穷人并不大在乎。清朝末年，有一位美国传教士兼医生，曾在山东久住。他写过一本书讲中国社会的情形，很有意思。他说，中国人可分四级，最阔的少数人，一个人有好几位姨太太，住深宅大院，妻女不出来见任何外人；其次，中级人士，有一位太太或带一个姨太太，住小房子，妻女可以出来见朋友；下级有一个太太，住杂院，男女无别；最下级如西南的抬轿的或抬滑竿儿的，往往没有太太，到处为家。"礼不下庶人"，这可以算一个近代的注脚。

中国古代，好像很重视媒妁，"男女非有行媒，不相知名"，这大概又是士大夫的事。不过，"仲春之月，令会男女"又好像是政府替庶民做媒。后代，一般说起来，就士大夫而言，媒人可以请朋友做，又有指腹为婚、割襟为证等等办法，有许多临时的媒人，所以职业性的媒人，不甚重要，地位也不甚高。至于士大夫纳妾，则以用媒为多。不过这又是一种媒，性质颇近于荐头店了。我觉得在婚姻制度上，媒人这个制度，有相当的重要性。不知是否已经有人就各种文化里的媒人，作过比较研究。我想倒是个很有意思的题目。

另外，听差门房之类，也是个有趣味的问题。上面提到官吏派仆人经商，皇帝派太监收税等事。仆人主要的责任，自然是服役。不过也有一种媒介的作用，有时候是缓冲作用，有时候又可能起反作用。用仆役传话的一个理由，是表示身份，尊卑贵贱之别。不敢直达，所以要经过"阁下"、"足下"、"左右"等（今日写信还用此等字样）。不过管门房的人，若主人是达官贵人，往往会要"门包"之类，"大礼三百二，小礼二百四。有礼就见，无礼免见"。所以俗语有"阎王好见，小鬼难缠"之说。

不过，古人也有知道这个毛病的。据说，明朝有一位学者，怕朋友来访，门房不肯通报，于是在他在家的时候，在门口挂上一个大木牌，上写"某某人在家"（见《古今谭概》）。这与近代的学校里有时教务长办公室外，挂着牌子，上书教务长在室，或不在，意思相仿。日本教授往往在办公室外，挂上一个活动小转盘，有"讲义中"、"归宅"、"在室"等字样，来访者一望而知，倒很便利。

然后谈到外交使节通事等等。外交使节是官，多半是临时的。往往为出使而假以更高的官衔，为的好看。若驻在他国，则往往有间谍（觇国）或通敌等可能，问题复杂。至于通事舌人，因为他们会两方面的语言，也容易舞弊。这也因为正使自己大概不通外国语，不易控制。关于这个问题，听说姚从吾先生正在写一篇关于宋辽金时代通事的文章，希望能早日拜读。

上面很简略的把中国文化里的几种媒介人物讨论过了。最后，想从理论分析方面作一两点结论：第一点，就是上面的分法，如天地人三度，如宗教、文化、法律、外交、经济、社会等等，都是比较粗浅的看法。其实还可以细分，而且可以有种种不同的分法。我上面提到职业性与非职业性，这两种有时也分不大开。还有一个媒介人物，往往可能兼算两种或两种以上，例如，中国的儒者是人与人间的媒介，有时也作人与神间的媒介。传译通译，可以用在外交方面，也可以用在文化方面，乃至宗教方面也有。

另外，还可以从作用上分类。比方说，除了介绍沟通之外，看有没有保证的责任。经济方面的媒介人物，如买办、纤手等，对于经手的事务，往往有保证的责任。媒人名为"保媒"，不过在木已成舟之后，埋怨媒人也就晚了。又如媒介人物是代表一方，还是代表双方，也有不同。又可以按照媒介人物是否需要特别知识、特别能力与长期训练而分为二种。比较平常而易为的，自然不大受社会的崇敬。比较难成的，虽受崇敬，却也可能受社会上其他人士的怀疑。所以不是一件简单的事情。

另外一点，就是媒介人物的价值问题。因为媒介人物的主要责任是沟通介绍，他的好坏有两个明显的标准，就是按照他的效率与可靠性的大小。与这个有关的一件重要事情，就是媒介人物的工作，不单在于给两个当事人介绍介绍，拉到一块儿，就算完了。他所介绍沟通的两方面，应该是适当的人物，值得沟通值得介绍的。所以在事前往往得有一番选择过滤的工作。正如媒人一样，如果男女二人的年龄容貌性情等都不相配合，大概是不应该介绍的。

再举一例，就是近代西洋的要人、大企业家，往往仗着一位能干的女书记替他把不需要会见的人挡驾不少，这样他自己才能省出时间来，会主要的客，作主要的事。所以有时拒绝沟通，不予介绍，也可能是一种作用，一种服务。换句话说，媒介人物之效率，不在于他沟通介绍的次数与人物之多少，而在于他完成的满意的沟通介绍之多少。

在执行这种选择过滤工作之时，最重要的条件，自然是贤明公正。公正是旧社会中已有的道德，不过在近代西洋社会之中，有了一个新发展新意义，就是在人与人的关系中，尽量让公正超出其他的伦理。用近代术语说，是所谓伦理上的普遍主义（或同等主义 universalism，对特殊主义 particularism 而言），也可以说注重非个人性的关系（depersonalization）。大家处事，都为公而不为私，尽量的不分富贵贫贱，出身性别，不论是亲是友，非亲非友，尽量地平等看待。这其中有时候自然需要一点斟酌，所以公正之上，又要加上贤明二字。若盲目地事事求平等，那就成了孙中山先生所谓的假平等了。

末了，再加上一点个人的意见，就是，我觉得我们的传统文化之中，可贵之点自然不少，例如人本主义恐怕就是我们立国悠久的一个重要因素。不过，我们的传统的态度，对于人与人物间的媒介分子，如商人、买办、牙行等，似乎过于轻视，这恐怕也妨害了我们的经济发展。照西洋近代的看法，不但金融巨子、企业大家受社会上的尊崇，即便专门介绍买卖房产的人，以及代理人处理各种财务上的事务的律师（中国古来只有讼师，没有能作双方媒介的律师）等，在社会上都是有相当的地位的。这与他们的高度经济发展显然有关。尤其是各种大企业的经营者（entrepreneur），因为公司股份往往为很多人分有，这些经营者不一定是为自己做生意，主要得有为社会服务，为人群谋福利的精神，这样就更受人尊敬。

有人说，这种态度方面的事情不要紧，只要经济发展了，有了金融巨子、企业大家，一般人的思想态度，自会改变。这话自然也有道理，不过恐怕太偏重一方。人的思想与物质环境，有些像蛋与鸡的关系，最早谁影响谁，也许不易断定。不过在已经有了蛋有了鸡之后，则二者可以相生，互相影响，是很显然的。

刚才我说要"抛砖引玉"，现在我抛砖抛了一小时了，希望各位不吝珠玉，多多指教。多谢！

自由讲话

一 陶振誉先生

杨先生今天演讲的题目与运用的方法，就中国历史的研究来说，都是一种新途径。今天因为时间的限制，杨先生所讲的似乎着重在"媒介人物"的分类一方面；至于这些"媒介人物"在中国文化里所发生的作用，则未能多所讲述。将来杨先生关于这个题目的大著发表时，我们希望能够看到他对于后一方面多所发挥。

这个座谈会举行到今天，已经是第八个年头的开始。座谈会的场所，最近三年大多数是借用"教育部"的礼堂；"教育部"提供良好的服务，并且不收租金。今天很难得，"教育部"张部长也来参加这个座谈会；我想我们应该借这个机会向张部长表示谢意。

二 张其昀先生

杨先生的演讲，以社会学方法研究历史，可谓疏通知远，非常有兴味。从前我有一位老师，想写一部书，名为《艺林通史》，把历代学术上关键人物，加以论述，以明学术传授之渊源脉络，采故事体裁，探历史神髓，犹轮毂之有枢纽，此类人物似可称为媒介中之媒介。惜未见成书，杨先生博闻强识，深识远览，很希望能写出这样一部书来，当以先睹为快。

三 姚从吾先生

杨先生今天讲的题目，很新鲜，富启发性。我个人听了很佩服，本无话可说。现在略述一时感想如下。

杨先生所说媒介人物中，提到了外交使节。在外交使节中，又特别提到了宋朝的辽宋关系，认为那个时代（960—1125），辽宋两国的外交关系是对等的，因此媒介人物（外交使节），更容易发挥国际政治与军事的作用。我想就在这方面，举一实例，帮助说明。这个例子，就是富弼在公元1042—1049年间，曾以媒介人物克服了北宋的危机，转变了当时宋、辽、夏的国际地位。

我们知道北宋仁宗时代（1022—1063），西北区域建国于贺兰山下的西夏，出生了一位英雄，名叫李元昊（1003—1048）。自幼英伟绝伦，雄才大略。他的父亲是西夏国王李德明。李氏虽然自帝其国，但表面上对宋朝仍是相当客气。尊奉宋朝正朔，有时也自称赐姓赵氏。元昊曾劝父亲独立。李德明说："吾族三十年来得衣锦绮，皆宋恩也。不可乱动！"元昊即说："大丈夫当努力称王称霸，穿绸子不穿绸子有什么关系呢！"德明虽不听他的话，心甚壮之。1032年，元昊当了西夏国王。法令严明，兵精粮足，六年以后，西夏大治。1038年他即正式对宋宣布独立，1040年与宋大战于好水川（今甘肃隆德县东的憩水河），宋兵大败。一时北宋朝野大震。

当时中国的局面，可以说是后三国。辽、宋、夏三方对峙，各不相下。比较上北宋地大物博，而兵冗将怯。西夏新兴精悍，但凭借单弱。唯有契丹表面上兵势盛强，有举足轻重之观。当时好水川消息传到燕京，辽兴宗即于第二年（1041）集结重兵，向宋提出要求，强迫宋朝将周世宗所占关南十县地，交还辽朝。不然，即出兵与西夏对宋夹攻。形势危迫，举国震动。幸而这时候出了一位媒介人物，外交家富弼，奉仁宗之命，得到吕夷简的支持，出使契丹。他运用外交家的雄辩，与北宋人的智慧，从种种方面说服了辽兴宗。一次富弼与兴宗同去打猎。富弼从容对兴宗说："通好，则人主专其利，而臣下无所获。若用兵，则利归臣下，而人主任其祸。故凡劝用兵者，皆为自己打算耳！"辽兴宗大为惊异。富弼乃向他详加说明，反复申说："用兵，所亡士马，都是人主的。若通和，则岁币尽归人主，群臣何利焉！"契丹主大悟。结果宋朝又增岁币二十万，共为五十万，因复和好。这就是有名的"增币交涉"。

富弼这一外交行动，在当时国际局势与内政文化上，都发生很大的作用。（一）宋、辽、夏三国国际地位，大为转变。增币以前，是辽夏合力对宋。增币以后，辽兴宗志骄，1044年、1049年两次轻心伐西夏。当然西夏元昊与谅祚不服，起而应战，两次辽人皆败。西夏亦因凭借不够，国势削弱。国际形势急剧转变，契丹西夏，双方却变成对宋恭顺了。（二）当契丹集兵提出要求时，宋人新为夏兵所败，又来辽祸，一时情形，极度紧张。忽然富弼交涉成功，全国人心为之松快。宋人笔记说："当时苏老泉尚在四川眉山教私塾，苏东坡年方十岁，随父就读。外交语录传至四川，老泉心喜。即问东坡说：'通好利归人主，战争利归臣下，此事于古有征乎？'东坡即说：'事见《汉书·严安传》。'"一时传为美谈。（三）因为富弼外交的成功，后人视为奇迹。除了上述苏东坡指出《汉书·严安传》以外，还有人继续推敲这件事在历史上的因果关系。如吴曾《能改斋漫录》说："称引故事，应自近者始。"富弼可能是受了两《唐书》(《新唐书》卷一百，《旧唐书》卷六十二)《郑元璹传》，元璹说服突厥颉利可汗（和好，则金币皆归可汗……）的影响。然无论如何，富弼因外交挽救了宋仁宗时代的危局，这是无可否认的。

四 李济之先生

杨先生研究中国文化是比较客观的，也许是在哈佛大学教书的关系。杨先生说，媒介人物是介乎天人之间、人人之间、人物之间。似乎所有的人无论操何种职业的，无一不是媒介人物，其包括的意义是如此的广泛，反而使人有恍惚之感，未审能多加解释否？

五 劳榦先生

杨先生今天的演讲给研究历史者以新的途径新的观点，正因为如此，关于"媒介人物"的定义，似须经过一番考虑，想杨先生一定有一轮廓。个人以为：所谓媒介人物，仅仅是居间介绍，而自己并不发生作用。正如化学的触媒，分子不变，自己不起化学作用。如果照这样解释，所谓媒介人物，应该是人与人之间的媒介了。至于人神之间的媒介人物，在中国民族里，其地位似不如印度、埃及等国的高，犹如倮倮族的巫师并非贵族，只是接近贵族的高级奴隶。

太史公说："文史星历近乎卜祝者流，盖主上所戏弄，倡优所畜，而流俗之所轻也。"祭司不属于贵族，周以后文献记载都是如此。当然在周代以后，商人也不属于贵族范围之内。因而商人也近于倡优之流，法家之贱商，其下意识作用亦在此。晋代石崇之富是令客（他的佣仆）作盗（经商），明代凡市舶税收一类之事，悉委由太监（清代归内务府也是皇帝的奴隶）办理，贵族是不屑为的。所以中国一般的对媒介人物是看低的，尤其车船店脚牙的地位更低，因此，这般人物，不会顾及身份及道德而只好向发财一途去发展了。为国家前途着想，商人的地位是应当特别重视的。

六 蒋复璁先生

中国民族，缺乏商业性，也许是受孟子"王何必曰利"的影响，王安石变法的失败，就因为司马光等的攻击，君不与民争利，于是宋神宗熙丰辛苦的储积，为元祐诸臣轻易地用去。士农工商，商居四民之末，在社会上对商人是不重视的。但商人的贡献与作用，在中国历史上却是很大的。

《史记·货殖列传》所讲，不就是说明商业的重要性吗？所谓："天下熙熙，皆为利来；天下攘攘，皆为利往。"

这是很自然的。况且"庶",然后"富",既富而后"教";"衣食足,然后知礼义"。管仲与孔子都知道文化是先要经济发展而后兴的。秦有吕不韦的大贾,以奇货可居,用贸易的方法来囤积于楚,再钓奇以易秦,于是拜相封侯,这固然是吕不韦个人的行为,但以商人的吕不韦招致食客三千,著《吕氏春秋》,这就开后来商人附庸风雅,著书刊书,实在是有功文化的。

宋朝对辽的献纳岁币,本来是耻辱,但中国传统,地不可失,金帛可给,所以澶渊之盟,辽初索关南之地,宋真宗对曹利用的使辽,告以"地必不可得,若邀求货财,则宜许之"(见《续资治通鉴长编》卷五十八)。因为从汉高祖白登之围起,用财货赂遗外国人,于是唐因之以赂遗突厥回纥,宋因之以赂遗辽金。当宋徽宗想毁弃辽宋盟誓的时候,宰相郑居中奏乞求盟誓,罢遣女真人。蔡京说:"上厌岁币五十万匹两,故有此意。"居中曰:"岁币五十万匹两,比之汉世和单于,岁尚给一亿九十万,西域七千四百八十万,则今与之币,未为失策。"(见《三朝北盟会编》卷一)况且宋朝的岁币是由北边榷场与辽做生意得来的,到了宋徽宗好购东珠等无用之物,对辽的生意,才无利可图,其实真仁英神哲五朝是将对辽的岁币,在对外贸易盈余项下拨付,等于经商缴税,宋朝的政府不在那里经营商业吗?

杨先生讲中国的当铺,从事的不容易,比状元还难,这是对的。据我所知，江浙的当铺，大概是徽州朝奉先来开的，所以多取徽式。当铺的组织，分为四房，除经理外，有钱包饰三房，柜台上分头二三末柜，其层次即是地位及能力之分，如三柜不能决定价值，可问二柜，二柜不成，可问头柜。在柜之下，是写票，要能写徽州字，这种草书是外人不能写的，以防假造当票。幼年进当铺做学徒，名曰小郎，从小郎渐升至写票，由写票升柜，由柜升房。经理名曰掌盆（译音），要有地位及学识者可任，且要与东家有特别关系，因为当铺在昔是最大的营业，兼营储蓄划汇及囤货放款，非与官府往来不可。当铺是最大，也是阶级最繁的商业机构。小郎进当，平时不能外出，柜上不给烛，除除夕及特别节令外，关门最早，于是在典当内的，平时多好读书，几乎是一学校，经理就是校长。因为这两种原因，典当经理中颇有知名之士，如清代乾嘉时经学家兼目录学家陈鳣（简庄）先生就是吾乡的典当经理，由此可知典当经理在昔的地位了。

商人好名，因与文人交往，而文人也借之读书著作，刊刻诗书，有清一代，举不胜举，如山东历城马国翰刻《玉函山房辑佚书》，江苏金山钱熙祚刊《守山阁丛书》，广东南海伍崇曜刊《粤雅堂丛书》，不多雄于赀而刻书吗？并且伍崇曜还是广州十三洋行的商人呢。明季以迄清中叶，扬州是两淮盐商集中之区，也是养士之所，曹寅的刊书——康熙的诗局本，乾嘉多少学者是由扬州孕育出来的，商人在文化上是有贡献及作用的。

七　李宗侗先生

　　媒介人物的地位，似应以其本身的阶级高低而定，就是说，媒介人物地位的贵贱，须看其本身是贵是贱，而不看他的媒介地位。比如古时以商为贱（《左传》：庶人、工、商），所以商人的地位很低，因为他们皆非贵族。春秋战国，诸侯会盟，各国诸侯多，由其相（相礼者）代表说话。比如夹谷之会，鲁定公未说话，交涉皆由孔子办的。又若子产、晏子、游吉（字太叔）皆是能言语的交涉者，这种媒介人物的地位自然就很高了。

八　杨联陞先生（综合解答）

　　我很高兴，因我的抛砖，引出了各位先生许多金玉。

　　各位先生的高论，与我刚才所说的颇有相近之处。我所说的媒介人物主要是指职业性者而言，诚然，媒介是一个作用，任何人都可以发生媒介作用，因之，在我说时，职业性媒介与非职业性媒介不免相混，而把问题扯得广远了一点。"媒介"，西洋学者视为一种大学问，非有大学问，不能成为媒介人物，不能发生媒介作用。同时，现在西洋人研究学问，主张要跨门，专研究某门科学，须兼及其他部门，这是为了沟通知识，也可以说是学科与学科间的媒介。

结束讲话　李济之先生

　　杨先生很客气，比喻他自己的演讲是"抛砖"。砖是有等级的，杨先生的砖应该是属于最高级的。杨先生的演讲，包含了上下古今三千年的历史事实，有分析，有综合，旁征博引，隽然生趣，谨代表本会和听众向杨先生致谢。

跋

金耀基

　　杨联陞先生在中国经济史上的成就，素为史学界所推崇。《晋书食货志译注》及《中国货币与信贷简史》皆为现代史学经典之作。但杨先生的学问却远远超出经济史的范围，从他的《中国制度史研究》《汉学散策》等著作中，在在可见他学识之渊博，触须之敏锐，先生自谦为"杂家"，实则只是他的识见不拘限于专家之学，旁搜远绍，穿堂越室，优游驰骋于多学科之间耳。最令我感到兴趣的是联陞先生在 1957 年发表的《报——中国社会关系的一个基础》（"The Concept of 'Pao' as a Basis for Social Relations in China"）的大文。这篇文章虽然是史学家之笔，却充满了社会学的慧见，是一篇把人文学与社会科学细针密缝的佳构，字里行间透露了先生受其业师社会学大师帕森斯（T. Parsons）影响的痕影。"报"这个字是中国社会文化上一个重要概念，它虽是人类社会普遍具有的理念，却更是构成中国社会关系特殊性的基础。陈寅恪先生说："凡解释一字即是作一部文化史。"联陞先生显然同意此一说法，而他对"报"一字的诠释确不啻是作一部（但非全部）文化史。联陞先生的《报》及1944年胡先缙先生在美国《人类学季刊》上发表的《面子》（"The Chinese Concepts of Face"）二文，使我相信掌握中国文化中之钥辞是了解中国社会的一条重要通径，同时，我也相信要使"社会科学中国化"，应从中国人的经验生活中去掌握那些影响中国人之思想行为的重要概念，以作为建构较高层次社会理论的重要砖石。基于这个想法，我在1981年与1986年两次国际汉学会议中分别提出《人际关系中"人情"之分析（初探）》及《"面""耻"与中国人行为之分析》两篇论文。的确，我这两篇论文是受到他们二位前辈学人的大文所启发的。

1983年秋，我从陆惠风先生处得悉杨联陞先生自哈佛荣休后，健康日佳，精神日好。新亚同仁与我一样，同感欣喜，我即代表新亚去函邀请联陞先生担任新亚书院1985年的"钱宾四先生学术文化讲座"的主讲人。联陞先生复信中有这样一段话："宾四先生素所景仰，承教有年，中文大学又曾颁赠予荣誉学位，亦思报答。"联陞先生就在他所说的"报"之一念下慨然应允以《中国文化中"报""保""包"之意义："原报"、"原保"、"原包"》为题发表三次学术演讲。这个集子就是这三讲的纪录。

1985年秋，联陞先生来新亚讲学时，我已辞卸新亚院长之职务，去了西德海德堡大学研究访问，无法亲聆他的演讲，是一大憾事。从林聪标院长口中，知道杨先生的一系列演讲固然圆满成功，而许多活动，更是多彩多姿。联陛先生给我的信中，也表示他与夫人的香港之行十分愉快。这是我最感欣慰的。

最近读到联陛先生的讲词。他对报、保、包三个钥辞作了精致的阐析，还指出三者贯通的精神。一点不假，只有像联陛先生那样具有文字学、史学和社会科学的修养，才能做到触类旁通，揭微抉隐的境地。诚然，这三次演讲，如不是限于时间，一定还可以有更多的发挥。联陛先生在讲话中几处提到拙文《人际关系中"人情"之分析》，我也乐于同意将此文收入此集，以作为联陛先生讲稿的一个注脚。联陛先生讲学之余，兴致想必甚好，还写了诗：

> 瓦铄沙金杂货铺，也说儒释也谈玄。
> 三原"关系""人情味"，四海交游结胜缘。

联陛先生的解释是："三原者，原报、原保、原包。'关系'见乔健兄文，'人情味'见金耀基兄文。解铃还是系铃人，有兴，请写一跋如何？"前辈先生之嘱，敢不从命，敬为跋。

1987 年 7 月 18 日